# Voltaire

## SES IDÉES SUR LES EMBELLISSEMENTS DE PARIS

PAR

M.-H. FUCORE

*Extrait du Bulletin d'Octobre 1909, de la Société Historique et Archéologique du IV<sup>e</sup> Arrondissement de Paris*

"LA CITÉ"

PARIS
Librairie Ancienne, H. CHAMPION, Éditeur
5, QUAI MALAQUAIS, 5

1909

# Voltaire

## SES IDÉES SUR LES EMBELLISSEMENTS DE PARIS

PAR

M.-H. FUCORE

---

*Extrait du Bulletin d'Octobre 1909, de la Société Historique
et Archéologique du IV<sup>e</sup> Arrondissement de Paris*
"LA CITÉ"

---

PARIS
Librairie Ancienne, H. CHAMPION, Éditeur
5, QUAI MALAQUAIS, 5
1909

# VOLTAIRE

## Ses idées sur les Embellissements de Paris

SES SÉJOURS DANS LE IVᵉ. — UN CHANOINE DE SAINT-MERRY

Parmi les innombrables écrits de Voltaire où il effleure différents sujets, s'en trouve un assez court, contenu dans le tome XXVI(1) de ses œuvres, et intitulé *Des embellissements de Paris*. C'est écrit en 1749. Quoiqu'il ne se limite pas, bien entendu, au territoire actuel de notre IVᵉ, nous trouvons intéressant d'en extraire des passages.

Il parle d'abord de la place des Victoires, qu'on venait de construire ; puis : « Nous voyons tous les jours ce qui manque à notre ville, et nous nous contentons de murmurer. On passe devant le Louvre, et l'on gémit de voir cette façade, monument de la grandeur de Louis XIV, du zèle de Colbert et du génie de Perrault, cachée par les bâtiments des Goths et des Vandales... »

Avant de continuer le texte de Voltaire, notons que l'expression bâtiments des Goths et des Vandales masquant la colonnade du Louvre, s'applique ici spécialement à Saint-Germain-l'Auxerrois. Voltaire n'appréciait pas nos églises gothiques, on le sait; pour lui le beau commence à Louis XIV, et tout ce que nous allons citer en accumule les preuves.

Reprenons : « Nous courons au théâtre, nous sommes indignés d'y entrer d'une manière si incommode, d'y être placés si mal à notre aise... et d'en sortir avec plus d'embarras et de peine qu'on y est entré. »

---

1. Edition Renouard 1821, *Politique*.

Ces critiques relatives aux théâtres, intéressent peu notre quartier puisque actuellement il n'en possède qu'un, et qui est des mieux disposés comme dégagements, mais elles sont justes encore quant à bien des endroits où les Parisiens du IV<sup>e</sup>. comme d'autres, vont passer leur soirée.

Continuons encore notre opuscule : « Nous rougissons avec raison de voir les marchés publics établis dans des rues étroites, étaler la malpropreté, répandre l'infection et causer des désordres continuels. Nous n'avons que deux fontaines dans le grand goût, et il s'en faut qu'elles soient avantageusement placées. toutes les autres sont dignes d'un village. »

Quelles sont ces deux fontaines dans le grand goût ? Nous le voyons dans un autre écrit plus célèbre dont nous aurons à reparler plus loin, *Le Temple du goût* : Celle de Bouchardon, rue de Grenelle, construite en 1739, et celle des Innocents « cette admirable fontaine qu'on regarde si peu, et qui est ornée des précieuses sculptures de Jean Goujon, mais qui le *cède en tout* à l'admirable fontaine de Bouchardon » (*Temple du goût*, 1739).

Nous revenons aux « Embellissements de Paris », et nous approchons, ce me semble, de nos quartiers :

« Des quartiers immenses demandent des places publiques ; et tandis que l'Arc de triomphe de la porte Saint-Denis, et la statue équestre de Henri-le-Grand, ces deux ponts (1), ces deux quais superbes, ce Louvre, ces Tuileries, ces Champs-Elysées égalent ou surpassent les beautés de l'ancienne Rome, le centre de la ville, obscur, resserré, hideux, représente le temps de la plus honteuse barbarie. Nous le disons sans cesse, mais jusqu'à quand le dirons-nous sans y remédier... ... Il est temps que ceux qui sont à la tête de la plus opulente capitale de l'Europe la rendent la plus commode et la plus magnifique... Ne serons-nous pas honteux, à la fin, de nous borner à de petits feux d'artifices *vis-à-vis un bâtiment grossier* (2) *dans une petite place destinée à l'exécution des criminels* ?... Il s'agit bien d'une place ! Paris serait encore très incommode et très irrégulier quand cette place sera.

---

1. Le Pont royal et le Pont-Neuf.
2. L'Hôtel de Ville.

faite : il faut des marchés publics, des fontaines qui donnent en effet de l'eau, des carrefours réguliers, des salles de spectacle ; il faut élargir les rues étroites et infectes, découvrir les monuments qu'on ne voit point, en élever qu'on puisse voir. »

De sa plume alerte, Voltaire s'étend ensuite en considérations économiques, pour prouver que l'argent employé à ces « nobles travaux » ne sera pas perdu. « Bien loin que l'Etat perde à ces travaux, il y gagne, la circulation de l'argent en augmente, et le peuple qui travaille le plus est toujours le plus riche,... il est indubitable que de telles entreprises peupleront Paris de quatre ou cinq mille ouvriers de plus... ils rendraient de l'argent à l'Etat par leurs dépenses etc... Quand Londres fut consumée par les flammes (en 1666), l'Europe disait : Londres ne sera rebâtie de vingt ans... elle fut rebâtie en deux ans et le fut avec magnificence. »

« A qui appartient-il d'embellir la ville, sinon aux habitants, qui jouissent dans son sein de tout ce que l'opulence et les plaisirs peuvent prodiguer aux hommes ?.. Quoi ! ne sera-ce qu'à la dernière extrémité que nous ferons quelque chose de grand ? Si la moitié de Paris était brûlée, nous la rebâtirions superbe et commode, et nous ne voulons pas lui donner, à mille fois moins de frais, les commodités et la magnificence dont elle a besoin... »

Comme on le voit, le programme de Voltaire est vaste, mais si son esprit net et lucide a vu ce qui manquait dans le sens pratique à Paris pour toutes les commodités de la vie, auxquelles on ne songeait pas encore à cette époque, d'autre part la beauté de ses paysages et la poésie de ses monuments lui échappaient complètement.

Il n'en appréciait pas surtout les parties anciennes, par conséquent tout lui déplaisait dans nos quartiers, tandis que tout ce qu'il admirait dans Paris se trouvait ailleurs. Dix ans plus tard, il écrit à sa nièce, M<sup>me</sup> Denis (1) qu'il voulait attirer en Prusse : « Qui vous a dit, ma chère enfant, que Berlin ressemblait à Paris sous le règne d'Hugues Capet. Je vous prie seulement d'aller voir votre ancienne paroisse, *Saint-Barthélemy* (2), où vous n'avez, je crois, jamais été : c'était là

---

1. *Corresp. gén.*, t III.
2. *Saint-Barthélemy*, dans la Cité, à peu près sur l'emplacement actuel du Tribunal de commerce, était la chapelle des premiers Capétiens.

le palais de ce Hugues (Capet). Le portail subsiste encore dans toute sa barbarie. Venez après voir la salle d'Opéra de Berlin. »

Notre-Dame n'existe pas pour lui, il demande comment nous pouvons nous contenter de notre *cathédrale gothique* en la comparant à Saint-Pierre-de-Rome « chef-d'œuvre de magnificence et de goût » et à Saint-Paul-de-Londres « seconde église de l'Europe » (*Sur les Embellissements de Paris*).

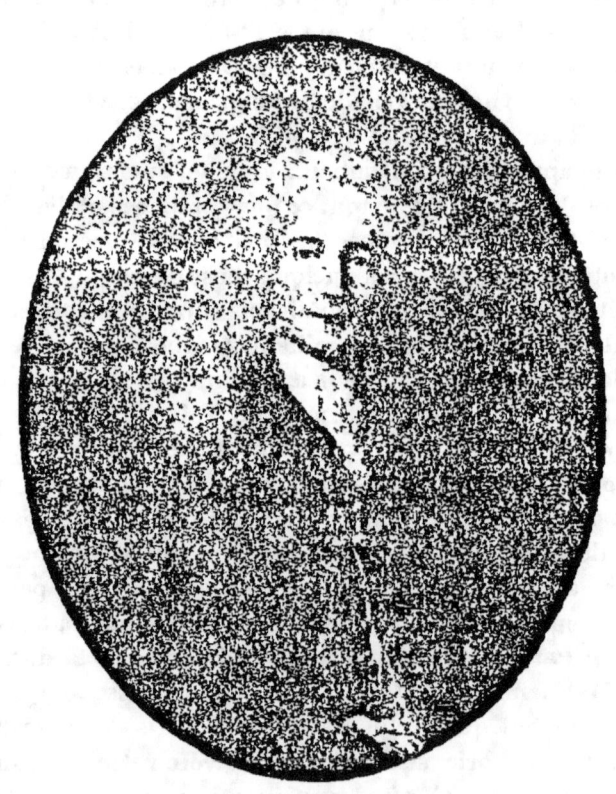

Portrait de Voltaire à 24 ans (1718)
Peint par Largillière (Musée Carnavalet)

Il est temps de nous rendre compte quand et comment Voltaire put apprécier Paris, se former une opinion et l'exprimer à plusieurs reprises, pour cela cherchons où il y a demeuré et à quelle époque.

La vie de Voltaire comporte trois périodes bien distinctes : cela semble une La Palissade de dire qu'elle se divise en : la jeunesse, l'âge mûr et la vieillesse, mais les limites et le caractère de ces trois périodes sont très nets chez Voltaire, et l'expression de ses opinions ne se manifeste pas de la même manière dans l'une que dans l'autre de ces périodes.

Le Voltaire, que l'on se représente généralement est celui de Ferney, le vieux philosophe bien avéré et exprimant ses sentiments bien plus ouvertement, d'un fanatisme plus ardent que dans son âge mûr, en même temps défenseur des Calas, etc., gentilhomme châtelain de Ferney et des Délices. Ce n'est pas celui-là que nous étudierons aujourd'hui. Alors il était bien loin de Paris.

Le Voltaire qui écrivait *Les Embellissements de Paris* et le *Temple du goût* est celui de l'âge mûr ; (de 1739 à 1749) c'est la période de sa liaison avec M$^{me}$ du Châtelet et de sa correspondance avec le roi de Prusse (période d'admiration). C'est de cette époque que datent presque toutes les citations que nous ferons encore. Ces deux périodes sont séparées par la mort de M$^{me}$ du Châtelet et le voyage en Prusse, où Voltaire et le roi de Prusse se brouillent. Enfin, toujours en reculant, la jeunesse : (la *Henriade*, la Bastille, l'Angleterre).

Quelles furent donc, pendant ces deux périodes de la jeunesse et de l'âge mûr, les endroits où Voltaire habita dans les limites actuelles du IV$^e$ arrondissement et les attaches qu'il y eut.

## II

LA JEUNESSE DE VOLTAIRE. — DANS LA CITÉ

La question si controversée, à savoir si Voltaire est né à Paris ou à Chatenay, semble tranchée maintenant, ses biographies les plus autorisées se sont prononcées pour Paris. Il le dit plusieurs fois [1]

---

[1]. Entre autres dans une lettre citée plus loin au roi de Prusse, avril 1739. « Le ciel s'est bien trompé en me faisant naître bourgeois de Paris. »

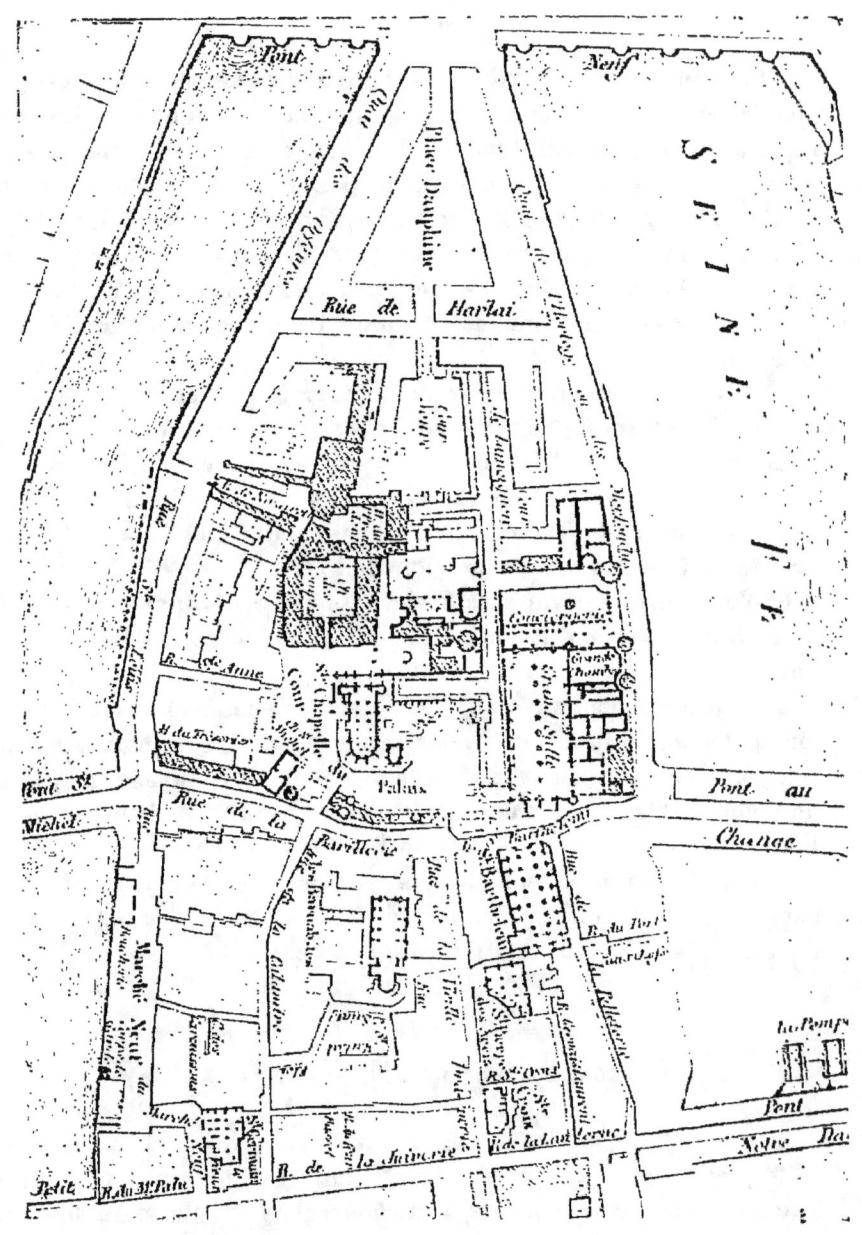

Plan du Palais de Justice et de ses abords, au XVIIIe siècle
(Église Saint-Barthélémy, rue de la Calandre, etc.)

et son acte de baptême bien connu est enregistré à Saint-André-des-Arcs le 22 novembre 1694. Son père n'était plus notaire et n'était pas encore « Receveur des épices » à la Cour des comptes où il ne fut nommé qu'en 1701. Alors pourquoi écrivait-il s'adressant à Boileau, ce vers déjà cité (1) :

> Dans la cour du Palais, je naquis ton voisin

Par pure illusion poétique, répond son historiographe le plus célèbre, M. Desnoiresterres ; il avait environ sept ans quand il y vint :

« Dans le corps du bâtiment qui avançait en angle au point d'intersection de la rue de Jérusalem et de celles de Nazareth et de Galilée (emplacement actuel des annexes de la Préfecture de Police) se trouvait un vaste appartement dont la pièce importante était divisée en arcades avec un beau plafond en voussures. C'était la demeure des Payeurs des épices et Receveur des amendes de la Cour des comptes... etc. »

Le Palais et ses dépendances étaient de la paroisse Saint-Barthélemy.

Les actes d'état civil de la famille de Voltaire sont sur les registres de Saint-Barthélemy, conservés longtemps à l'Hôtel de ville. Le corps du père Arouet y fut inhumé le 2 janvier 1722, et le mariage de la sœur de Voltaire, M$^{me}$ Mignot, qui épousa un correcteur à la Cour des comptes, y fut célébré. Et aussi on y relève en 1745 l'acte de décès de son frère, Armand Arouet, janséniste fervent, qui vécut et mourut au Palais, où il avait succédé à son père, vivante antithèse de son remuant cadet.

S'il n'y avait pas de sympathie entre les deux frères, Voltaire aimait sa sœur, M$^{me}$ Mignot (mère de la célèbre M$^{me}$ Denis). Elle reçut, lors du partage des biens de famille, une maison rue Maubuée ; c'est dans cette maison que Voltaire tout jeune et amoureux, se faisait adresser les lettres de M$^{lle}$ Dunoyer (2).

---

1. Par M. A. Perrin dans son article sur le Palais de justice (*Bulletin de la Cité* du mois d'avril 1906) où il touche incidemment notre sujet.
2. *Pimpette.* « Adressez-moi chez M. Dutilli, à la rose rouge, rue Maubuée. » Le nom de la rue Maubuée a disparu pour faire place au prolongement de la rue Simon-Lefranc.

Des écrivains plus fantaisistes l'ont fait habiter à cette époque rue des Marmoussets. C'était un peu plus près de la cathédrale. On a vu que de son enfance passée à l'ombre de nos églises et de nos vieilles maisons il ne lui en resta pas le goût. Cependant, en 1712, l'Académie mit au concours ce sujet: La construction du chœur de Notre Dame de Paris, ordonnée par Louis XIV pour accomplir le vœu de Louis XIII.

Arouet, déjà rimeur concourut par une ode commençant ainsi :

> Du roi des rois la voix puissante
> S'est fait entendre dans ces lieux.

Classée plus tard dans ses ouvrages sous un autre titre.
Le prix fut décerné en 1714 à l'abbé Dujarry.
Cependant Voltaire ne tarda point à quitter le toit paternel et s'installa *rue de la Calandre*, au *Panier vert*. La rue de la Calandre (sur l'emplacement de l'actuelle Préfecture de Police) passait à peu près en face la Sainte-Chapelle pour aller dans la direction de Notre-Dame. Le panier vert ou pannevaire est indiqué sur les anciens plans. Il y logeait en garni, et menait la vie dissipée des beaux esprits de cette époque qui ne croyaient pas à grand'chose. Intelligent et frondeur, il s'était déjà fait une réputation de satirique à craindre et ce fut là qu'un beau jour on vint l'arrêter pour le conduire à la Bastille (1), voici comme il le raconte :

> Fallut partir. Je fus bientôt conduit
> En coche clos vers le royal réduit
> Que près Saint-Paul ont vu bâtir nos pères
> Par Charles V. O gens de bien, mes frères,
> Que Dieu vous gard'd'un pareil logement !
> J'arrive enfin dans mon appartement.
> Certain croquant, avec douces manières
> Du nouveau gîte exaltait les beautés,
> Perfections, aises et commodités.

---

1. On fit même des fouilles dans les fosses de la maison de la rue de la Calandre pour voir s'il n'y avait pas jeté de papiers importants, comme le témoigne le procès-verbal signé Isabeau. (Cf. Desnoiresterres : *La jeunesse de Voltaire*.)

Jamais Phébus, dit-il, dans sa carrière
N'y fit briller sa trop vive lumière.
Voyez ces murs, de dix pieds d'épaisseur,
Vous y serez avec plus de fraîcheur.
Puis me faisant admirer la clôture,
Triple la porte et triple la serrure,
Grilles, verroux, barreaux de tout côté
C'est, me dit-il, pour votre sûreté...
Me voici donc, en ce lieu de détresse,
Embastillé, logé fort à l'étroit,
Ne dormant point, buvant chaud, mangeant froid,
Sans passe-temps, sans amis, sans maîtresse...

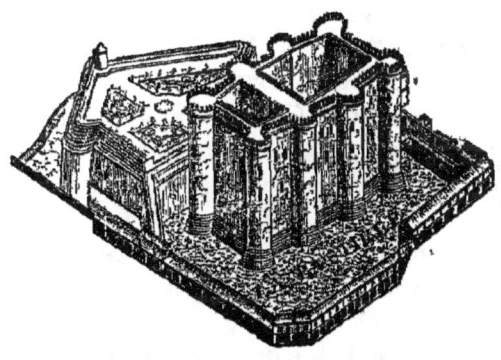

Il y resta onze mois, cela doit peut-être compter pour un de ses plus longs séjours parmi nous. Mais un emprisonnement n'est pas un séjour ; quand les murs vous enserrent de toutes parts, qu'importe le quartier où est située la prison ?... Enfin il n'y fut pas trop malheureux.

Rentré momentanément en grâce et présenté au Régent par le marquis de Nocé, celui-ci disant : « Monseigneur, voici le jeune Arouet, que vous venez de tirer de la Bastille et que vous allez y renvoyer » le régent rit, et offrit une pension.

— Je remercie Votre Altesse de ce qu'elle veut bien se charger de ma nourriture, mais je la prie instamment de ne plus s'occuper de mon logement, répartit l'audacieux poète.

Car poète il était surtout à cette époque et sortit de la Bastille avec La *Henriade*, l'*Œdipe* qui germaient précédemment dans son cerveau. Beaucoup de personnes croiraient que parce que Voltaire fut emprisonné à la Bastille, il fut continuellement persécuté ; loin de là, à cette époque il fut très en faveur à Paris, à la Cour, auteur applaudi, ami des plus grands seigneurs, pensionné de la reine ; et toujours voyageant : Forges, Villars, Ussé, Versailles, la Source, près Orléans, les Pays-Bas, la Rivière-Bourdet, Maisons, Rouen, etc. le revoient successivement. Nous n'entreprendrons pas de raconter sa vie et ses œuvres, nous prenons seulement note, parmi les innombrables domiciles qu'il eut dans Paris, de ceux qui sont dans nos quartiers.

Un de ceux-ci fut rue « Cloche-Perce ». Arsène Houssaye dans *Le roi Voltaire* place là ses amours avec M$^{lle}$ de Livry (amours à trois avec Genonville) qui voulut jouer la comédie, alla à Londres, et servit de modèle à « l'Écossaise ». Puis elle se maria, et, devenue M$^{me}$ de Gouvernet, fit paraît-il fermer sa porte à Voltaire quand il voulut la revoir, ce qui occasionna la charmante épître : *Les vous et les tu*. Le portrait de Voltaire, peint par Largillière, à l'âge de vingt-quatre ans, aurait été fait là, et mis en gage par elle avant son départ pour l'Angleterre, chez *Guersaint, au pont Notre-Dame*. On sait que Largillière habitait rue Geoffroy-l'Angevin. Ce portrait, longtemps dans la famille de Villette, est maintenant au musée Carnavalet.

Si Voltaire n'habita pas là vers sa vingtième année, nous l'y verrons plus tard (en 1739) et en tous cas ses nièces, M$^{lles}$ Mignot, y habitèrent.

Cette rue très ancienne se trouve un peu derrière la mairie du IV$^e$ arrondissement. La rue de Rivoli l'a coupée en deux, laissant de chaque côté quelques maisons surélevées, et son nom ne semble resté là que pour mémoire (1). Elle allait de la rue du roi de Sicile à la rue Saint-Antoine. Enfin comme la maison portant le numéro 14, qui a subsisté, appartenait en 1748 à M. Mignot de Montigny, il est probable que ce fut là que demeura la famille de Voltaire, et peut-être lui-même par intervalles.

Nous avons laissé, pour parler de la rue Cloche-Perce, Voltaire en pleine voie de prospérité. Malheureusement arriva son aventure avec le duc de Rohan. A force de se frotter aux grands, il s'y piqua.

---

1. Le percement en 1854, a enlevé les numéros, 5, 7, 9, 11 — 6, 8, 10, 12. Lefeuve, dans son style alambiqué compare cette rue à « un ver de terre dont survivent la tête et la queue, bien qu'une voie magistrale (?) ait emporté tout le milieu de son corps inarticulé ; les deux tronçons cherchent à se rapprocher, mais un abîme les sépare : des deux côtés l'étiage actuel empêche, par des talus de pierre le niveau qu'a abaissé la rue Rivoli de se relever. »

Cette histoire de bastonnade est si connue que nous n'y insisterions pas si elle ne s'était pas passée précisément chez nous, rue Saint-Antoine, puisque ce fut en sortant de l'*hôtel de Sully* (1) encore existant, où notre héros était reçu comme l'enfant de la maison (2), qu'il tomba dans le guet-apens dressé à la porte. Rentré dans l'hôtel, il croit trouver, près de son vieil ami, protection et vengeance ; il n'y trouve rien de cela. Au contraire, il passe encore quelque temps à La Bastille, puis part en Angleterre, ulcéré et secouant sur la France la poussière de ses sandales, ce qui était un bon moyen pour trouver tout bien en Angleterre.

Ce fut là que se développèrent complètement ses idées philosophiques, et il en revint armé contre la société et au retour commencèrent des luttes pour la publication des *Lettres anglaises*.

Le 29 mars 1729, il propose un rendez-vous chez un ami du nom de Dubreuil (Germain Cassegrain, dit Dubreuil, ancien homme de confiance de son père) *dans le cloître du bienheureux Saint-Médéric*. Retenons cette adresse, elle reviendra plus tard.

Il habite deux ans chez la baronne de Fontaine Martel, rue des Bons-Enfants, un appartement bas donnant sur le Palais-Royal. Il n'en quitte qu'après sa mort. Il écrit *Zaïre, le Temple de l'amitié, le Temple du goût*, etc.

Si l'on veut l'opinion d'un bourgeois de Paris sur Voltaire à cette époque, on trouve dans le *Journal de Marais*... « Voilà un Français traître à sa patrie et bien fou, il est tantôt pour, tantôt contre, selon que sa plume le mène, et il ne tient à rien qu'il ne renverse ciel et terre. » Marais avoue cependant : « il y a des traits de feu et de hardiesse qui ne peuvent partir que d'un très beau génie... l'auteur ne paraît pas beaucoup respecter les puissances de la terre et les puissances célestes ne l'embarrassent guère... il est bien hardi ce

---

1. Une singulière tradition aurait fait passer cette scène au Château de Sully en Sologne. Ceci ne souffre pas l'examen car la dispute commence à l'Opéra, et c'est à *deux ou trois jours* de distance que l'on vint dire au poète que le duc de Sully *l'attendait à dîner*. Le poète y va, s'assied, dine. Un valet vient l'avertir qu'on l'attend à la porte de l'hôtel. Il descend et se dirige vers un fiacre où il croyait qu'on l'attendait. Il se sent appréhendé et roué de coups. Le duc de Rohan était dans une seconde voiture dehors. Il est évident que tout ceci ne put se passer à la campagne.

2 Président Hénaut, p. 88.

petit homme qui juge les rois et les dieux... c'est un esprit qui se joue de tout, et qui, après s'être joué des rois et de l'histoire se joue aujourd'hui des hommes et de leur condition... » (*Journal de Marais*, nov. 1731, décembre 1731, janvier 1733).

Marais écrit encore le 4 janvier 1733 : « J'ai le *Temple de l'amitié* tout entier : c'est une plaisante idée d'en avoir chassé tout le monde pour y rester avec son amie à geler de froid » et le 28 janvier « M<sup>me</sup> de Fontaine Martel s'est tellement ennuyée de rester dans le *Temple de l'amitié* avec Voltaire, qu'elle en est morte. »

Mais ce fut surtout le *Temple du Goût* qui souleva des tempêtes. Cet écrit (point de départ de notre article) nous semble aujourd'hui, je l'avoue, bien peu intéressant dans la plupart de ses parties, et erroné dans d'autres, mais il contenait beaucoup de personnalités. Il nous amène du reste à l'un des plus intéressants domiciles de Voltaire parmi nous, *rue de Longpont*.

*\**
*\* \**

Lettre à M. de Cideville, le 6 mai 1733,

Je vous écris au milieu des horreurs d'un déménagement que la lecture de vos vers m'adoucit. Je vais demeurer vis-à-vis le seul ami que *Le Temple du goût* m'ait fait, vis-à-vis le portail Saint-Gervais. C'est là que je vais mener la vie philosophique dont j'ai toujours eu le projet en tête... Si je pouvais vous ramener à Paris et que vous voulussiez accepter un lit près de ce beau portail, le rat de ville tâcherait de recevoir le rat des champs de son mieux, etc... (1) »

A M. Thiriot, le 15 mai,

... « Je quitte aujourd'hui les agréables pénates de la baronne (2), et je vais me claquemurer vis-à-vis le portail Saint-Gervais, qui est presque le seul ami que m'ait fait *le Temple du goût*... »

En effet voici comme il s'était exprimé dans *le Temple du goût* : « Le portail de Saint-Gervais, chef-d'œuvre d'architecture auquel il

---

1. *Corresp. gén.*, t. I, p. 228.
2. La baronne de Fontaine Martel, comme nous l'avons dit plus haut.

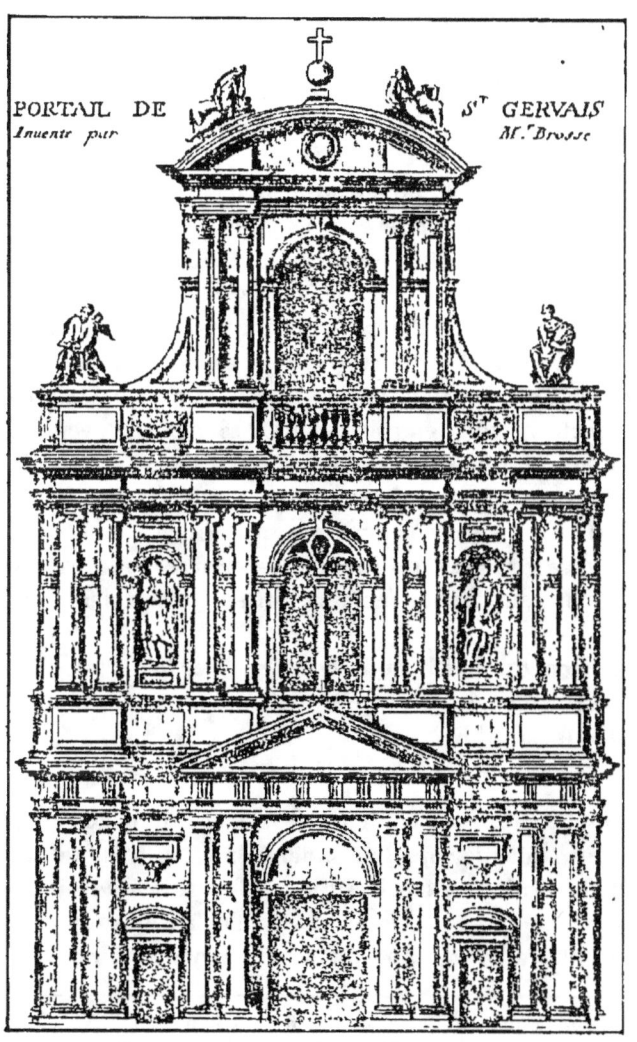

Façade de l'église Saint-Gervais
Dessin de J. Marot, au XVIIe siècle

manque *une église*, une place et des admirateurs, et qui devrait immortaliser le nom de Desbrosses encore plus que le palais du Luxembourg, qu'il a bâti. »

Il semble que l'on a voulu réaliser le vœu de Voltaire, la place demandée a fait disparaître la maison qu'il habita ; la rue de Longpont, dont tout un côté fut abattu, raccourcie, élargie, est devenue la rue Jacques-de-Brosses, et son nom est sept fois répété sur les petits écriteaux bleus de l'administration pour une longueur de 80 mètres environ ; elle passe derrière l'ancienne caserne Lobau (annexe de l'Hôtel de Ville) pour finir avant l'église, tandis que le nom de Longpont est resté gravé sur une vieille pierre à l'autre coin du portail qui regarde la caserne Napoléon (1). Cette rue s'appelait autrefois rue aux Moines de Longpont ; ces religieux y avaient un hospice ; elle était devenue, par abréviation, de Longpont ; et c'est en 1838 que l'ordonnance portant son élargissement à 15 mètres décida de changer son nom en celui de Jacques-de-Brosses « l'architecte si distingué de l'Eglise Saint-Gervais ». On voit que Voltaire avait fait école, et que le portail faisait encore complètement oublier sous Louis-Philippe la vieille église gothique qui se dresse derrière, sentiment que ne partageront pas ceux de nos lecteurs qui se sont promenés sous ses arceaux.

La maison du poète était donc en face le portail ; il donne son adresse : rue de Longpont, près la Grève sous le nom de Desmoulins. Que faisait-il là ?

16 mai, à Cideville (2),

« Mon cher ami, je suis enfin vis-à-vis ce beau portail, dans le plus vilain quartier de Paris, dans la plus vilaine maison, plus étourdi du bruit des cloches qu'un sacristain, mais je ferai tant de bruit avec ma lyre, que le bruit des cloches ne sera plus rien pour moi. Je suis malade ; je me mets en ménage ; je souffre comme un

---

1. C'est bien à tort que Desnoiresterres dit que la maison de Voltaire était sur l'emplacement de la mairie du IVᶜ arrondissement. Il aurait fallu pour cela que la rue en question tournât l'église en suivant la rue du pourtour pour atteindre la place Beaudoyer.— Desnoiresterres a pris sans doute la caserne Lobau pour la mairie du IVᵉ (*La jeunesse de Voltaire*).

2. *Corresp. gén.*, t. I, p. 290.

damné. Je brocante, j'achète des magots (1) et des Titien je fais mon opéra, etc... »

Il s'occupait donc de spéculations. Spéculations sur les tableaux, ce n'est pas étonnant vu son goût pour les belles choses et aussi son amour de l'argent. Spéculations aussi, dit-on, sur le blé car il était l'associé de Desmoulins qui devint son prête-nom, son homme à tout faire (succédant ainsi à Dubreuil dont il était le beau-frère) jusqu'au jour où ils se fâchèrent. Dumoulin et sa femme tenaient son ménage : et quelle que fût la modestie de son installation, Voltaire trouva moyen d'y recevoir généreusement de jeunes littérateurs : Linant, Lamarre, Moncrif, etc., et galamment des visites plus relevées.

C'est à ce séjour rue de Longpont qu'il faut rattacher le commencement de la liaison de Voltaire avec M$^{me}$ du Châtelet, avec laquelle il mit sa vie en commun pendant quinze ans. Sa visite est racontée dans la lettre suivante adressée à la duchesse de Saint-Pierre : visite de trois personnes qu'il prit pour trois anges :

« J'ai reçu, madame, le même honneur dans mon trou de la rue de Longpont, et de ce jour, j'ai cru aux divinités, comme Abraham. Mais la différence fut que le trio céleste dîna chez le bonhomme, et que vous n'avez pas daigné souper chez moi, crainte de faire méchante chère. Si vous aviez vraiment la bonté qu'on attribue à votre espèce divine, vous auriez fait une cène dans mon ermitage, mais votre apparition ne fut pas une apparition angélique.

> Et pour revenir à la fable,
> Pour moi beaucoup plus vraisemblable,
> Et dont vous aimez mieux le tour,
> Je reçus chez moi l'autre jour
> Des Déesses un couple aimable (2),
> Conduites par le dieu d'amour (3).

Le dieu d'amour n'avait point une perruque blonde, ses cheveux n'étaient point si dérangés que les boulets du fort de Kehl le faisaient craindre, et il avait beaucoup d'esprit. Il n'appartient pas à un mor-

---

1. Magots, tableaux de l'école hollandaise, Téniers, etc.
2. La duchesse de Saint-Pierre et M$^{me}$ du Châtelet.
3. Louis de Brancas, comte de Forcalquier, qui s'était comporté bravement au siège de Kehl.

tel qui loge vis-à-vis Saint-Gervais d'oser supplier la déesse vice-reine de Catalogne, l'autre déesse, et cet autre dieu, de daigner venir boire du vin de Champagne, au lieu de nectar, de quitter leur palais pour une chaumière, et bonne compagnie pour un malade.

> Ciel ! que j'entendrais s'écrier
> Marianne, ma cuisinière,
> Si la duchesse de Saint-Pierre,
> Du Châtelet et Forqualquier
> Venaient souper dans ma tannière (1) !...

Ainsi commença sa liaison avec M$^{me}$ du Châtelet, qu'au mois d'août, il appelle la belle Emilie, la divine Emilie, bientôt Emilie tout court (décembre).

Le 15 septembre à M. de Cideville... « Je reste constamment dans mon ermitage vis-à-vis Saint-Gervais, où je mène une vie philosophique. »

A ce moment commence aussi son amitié pour M. d'Argental, qui dura jusqu'à la mort.

Il écrit à M$^{me}$ du Deffant, le 23 mai 1734 : « Si vous voulez m'honorer de votre souvenir, écrivez-moi à Paris, vis-à-vis de Saint-Gervais, les lettres me seront rendues. Ayez la bonté de mettre une petite marque, comme D.D. par exemple, afin que je reconnaisse vos lettres... »

Enfin, voilà notre poète dans les fers de M$^{me}$ du Châtelet. Il n'habitera plus longtemps la rue de Longpont. On va organiser la vie à trois (M$^{me}$ du Châtelet y ajoutera même plus tard sur la fin quelque amant, cela ne tirait pas à conséquence à l'époque) et Voltaire eut toujours pour elle la plus tendre affection. C'était une femme prudente, elle cachait les ouvrages dangereux comme la *Pucelle*. Voltaire avait toujours comme cela par le monde quelque enfant qu'il désavouait. Pour l'instant, au moment où il va quitter la rue de Longpont et où il indique à M$^{me}$ du Deffant quelques précautions pour la correspondance, il a des difficultés parce que le libraire Jore donne une édition défendue des *Lettres anglaises* : « Sur sa déposition on a été tout renverser dans ma maison de Paris, on a saisi une petite

---

1. Lettre à la duchesse de Saint-Pierre, mai 1733. — *Corr. gén.*, t. I, p. 197.

armoire où étaient mes papiers et toute ma fortune, on l'a portée chez le lieutenant de police : elle s'est ouverte en chemin et tout a été au pillage (1). » Je crois que c'est la dernière mention que nous avons sur son séjour rue de Longpont (2). Dumolin la quitta aussi et alla demeurer rue Vieille-du-Temple.

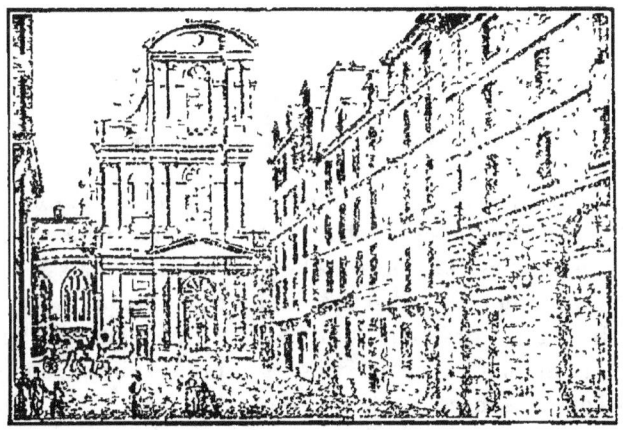

Saint-Gervais et les anciennes maisons avant la démolition

Avec M<sup>me</sup> du Châtelet, leur principale installation fut à Cirey propriété de M<sup>me</sup> du Châtelet sur les limites de la Lorraine : (3) mais ils vinrent souvent à Paris, et y changèrent très souvent de domicile. Nous aurons beaucoup à dire sur cela tout à l'heure, mais pour l'instant nous avons une parenthèse à ouvrir sur le IV<sup>e</sup> arrondissement

---

1. Lettre de M. de Cideville, juin 1735
2. Il est probable que la maison qu'habita Voltaire ne fut démolie qu'en 1854 par l'exécution d'un décret impérial portant la largeur de la rue à 16 mètres et ordonnant la démolition de tout son côté *impair* pour la construction de la caserne Lobau. L'ordonnance de 1838 citée plus haut et qui avait changé le nom de la rue, n'avait décidé son élargissement qu'entre le quai de la Grève et la rue de l'Hôtel-de-Ville.
3. Voir *Voltaire à Cirey*, par Desnoiresterres.

La dernière lettre citée plus haut se termine par ces mots :

« Écrivez-moi hardiment sous le couvert de l'abbé Moussinot, cloître Saint-Merry, à Paris ».

C'est la première fois que nous voyons le nom de l'abbé Moussinot. Il va être dorénavant le caissier, le chargé d'affaire, le factotum de Voltaire à Paris. Naturellement il nous intéresse, puisqu'il demeure dans le cloître Saint-Merry, et nous ne saurions mieux faire que de reproduire ce qu'en dit Desnoiresterres :

### III

#### UN CHANOINE DE SAINT-MERRY

« Il s'était lié avec un chanoine de Saint-Merry, l'abbé Moussinot, homme aimable, intègre, tolérant et qui, phénomène rare, était l'ami de tout le monde. Son chapitre lui avait confié sa caisse, les jansénistes le firent dépositaire de la leur ; il ne lui manquait plus que d'être trésorier d'un philosophe. Il fut plus qu'utile à l'auteur du *Zaïre* qui le mettait un peu à toutes les sauces, lui et les siens, sans jamais lasser sa complaisance. Les petits secours du poète aux gens de lettres passaient par ses mains. C'est lui qui faisait les placements d'argent, opérait les rentrées et avait la mission peu souriante de rappeler à l'exactitude des créanciers (1) tels que le duc de Richelieu, le duc de Villars, M. de Brézé, d'Esting et le « janséniste de frère (2) »... Oui, c'est bien là le rôle de l'abbé Moussinot, et Voltaire fut heureux de trouver un tel mandataire. »

Les lettres à l'abbé Moussinot sont des plus amusantes à lire, il semble que Voltaire y déguise moins sa pensée, et cela nous dépeint toutes ses affaires. Chose curieuse, les premiers éditeurs les trouvèrent peu intéressantes, et n'en placèrent qu'une partie dans leurs recueils ; aujourd'hui que l'on cherche à connaître les petits côtés des grands hommes, elles gagnent de l'intérêt.

---

1. Je pense que c'est un *lapsus linguæ*, Desnoiresterres veut dire des *débiteurs*.
2. Le frère aîné de Voltaire, Armand Arouet (1686-1745) qui succéda à la charge du père à la Cour des Comptes. Voltaire eut des démêlés avec lui au sujet des règlements de succession.

Lettre à l'abbé Moussinot, trésorier du chapitre de Saint-Merry à Paris (1).

Cirey (2), 21 mars 1736,

« Mon cher abbé, j'aime mille fois mieux votre coffre-fort que celui d'un notaire ; il n'y a personne à qui je me fiasse dans le monde autant qu'à vous : vous êtes aussi intelligent que vertueux ; vous étiez fait pour être le procureur général de l'ordre des jansénistes, car vous savez qu'ils appellent leur union l'ordre, c'est leur argot, chaque communauté, chaque société a le sien. Voyez donc si vous voulez vous charger de l'argent d'un indévôt, et faire pour cet indévôt ce que vous faites pour votre chapitre. Vous pourrez dans l'occasion en faire de bons marchés de tableaux ; vous m'emprunterez de l'argent dans votre coffre. Mes affaires, comme vous savez, sont très aisées et très simples ; vous serez mon surintendant en quelque endroit que je sois, vous parlerez pour moi et en votre nom, aux Villars, aux Richelieu, aux d'Estaing, aux Guise, etc , et autres illustres débiteurs de votre ami. Quand on parle pour son ami, on demande justice ; quand c'est moi qui réclame cette justice, j'ai l'air de demander grâce, et c'est ce que je voudrais éviter. »

« Ce n'est pas tout, vous agirez en plénipotentiaire soit pour mes pensions, auprès de M. Paris-Duverney, auprès de M. Tavenot, premier commis des finances ; soit pour mes rentes sur l'Hôtel-de-ville, sur Arouet, mon frère ; soit enfin pour les actions et pour l'argent que j'ai chez différents notaires. Vous aurez, mon cher abbé, carte blanche pour tout ce qui me regarde, et tout sera dans le plus grand secret. Mandez-moi si cette charge vous plaît... »

Cette lettre est, comme on voit, une des premières adressées par Voltaire à M. Moussinot. Je ne saurais mieux exposer le peu d'intérêt qu'on en trouvait alors, qu'en reproduisant l'annotation que donne à ce sujet l'édition que j'ai en main (Renouard, 1821).

« La bibliothèque du roi conserve cent quarante-huit lettres de Voltaire à l'abbé Moussinot, écrites de 1736 à 1741. Ce fut sur ces originaux que l'abbé Duvernet publia en 1781 un volume in-8°, où il rédui-

---
1. Presque toutes les lettres qui vont suivre sont datées de Cirey.
2. *Correspondance générale*, t. I, p. 578, n° 364.

sit ce recueil à cent six lettres dont quelques-unes sont formées de la réunion de tout ou partie de deux ou trois lettres en une seule. Mettant à contribution ce volume, les éditeurs de Kehl ont eu le bon esprit de n'en pas exhumer les lettres dans lesquelles Voltaire n'écrit qu'à son homme d'affaires. Ceux qui sont venus après eux ont pris quelques lettres de plus, et l'examen des originaux qui m'ont été confiés n'a pu servir qu'à rétablir un petit nombre de passages mais non pas à ajouter de nouvelles lettres à une collection déjà si volumineuse. Quant à la manière dont l'abbé Duvernet les a publiées, il me semble assez peu important qu'il en ait transposé, extrait, ou refondu quelques-unes. »

Au contraire, les écrivains qui ont fait des recherches et des études sur Voltaire dans la seconde moitié du siècle dernier et depuis, ont déploré le sans-gêne de Duvernet au sujet de ces lettres, et les ont rectifiées d'après les manuscrits de la Bibliothèque nationale.

Cirey, 1737.

« Je vous réitère, mon tendre ami, la prière de ne parler de mes affaires à personne, et surtout de dire que je suis en Angleterre ; j'ai pour cela de très fortes raisons. Il y aurait pour moi, dans le moment critique où je me trouve, beaucoup d'imprudence de mettre dans le commerce de Pinga une partie forte qui serait trop longtemps à rentrer. N'y mettons donc que quatre à cinq mille francs pour nous amuser ; pareille somme dans les tableaux, cela nous amusera encore plus. Les billets des fermiers généraux sont à six pour cent ; c'est l'emploi le plus sûr de l'argent. Amusez-vous encore là-dessus. Achetez des actions ; c'est encore là un honnête délassement pour un chanoine, et je m'en rapporte entièrement à votre intelligence pour ces amusements... etc. »

« ... A présent, mon cher abbé, voulez-vous que je vous parle franchement? Il faudrait que vous me fissiez l'amitié de prendre par an un petit honoraire, une marque d'amitié. Agissons sans aucune façon. Vous aviez une petite rétribution de vos chanoines ; traitez-moi comme un chapitre ; prenez le double de votre ami le poëte-philosophe, de ce que vous donnait votre cloître, sans préjudice du souvenir que j'aurai toujours pour vous. Réglez cela et aimez-moi. »

N'est-ce pas bien dit ?

La suivante, assez singulière, se rapporte à des expériences de physique. Il faut dire que M*me* de Châtelet, une fois amante de Voltaire, s'était promis de tout mettre en commun, même les études. Nous entrons donc dans la période où cet esprit universel qui nous occupe se donne aux sciences à la suite de sa divine Emilie. Il n'est souvent question que de Newton. On prépare à Cirey des mémoires pour l'Académie des sciences. Cette lettre suivante, donc, parle de « l'homme qui a le secret du tombac ? qui se file ? » puis demande une bonne machine pneumatique, un bon télescope de réflexion.

Une lettre de novembre 1737 demande : d'abord une suite de volumes sur la chimie, puis : « deux rames de papier ministre, autant de papier à lettres, douze bâtons de cire d'Espagne, une sphère copernicienne, un verre ardent des plus grands, mes estampes de Luxembourg, deux globes avec leurs pieds, deux thermomètres, deux baromètres, les plus longs sont les meilleurs, deux planches bien graduées, des terrines, des retortes... Voilà pour le bel esprit qui cherche à s'instruire à la suite des Fontenelle, des Boyle, des Boerhave et autres savants. Ce qui suit est pour l'homme matériel qui digère fort mal ; qui a besoin de faire, à ce qu'on lui dit, de grands exercices, et, en outre, d'autres besoins de société. Je vous prie en conséquence de lui faire acheter un bon fusil, une jolie gibecière avec appartenances, marteaux d'arme, tire-bourre et grandes boucles de diamants pour souliers, autres boucles de diamants pour jarretières, vingt livres de poudre à poudrer, dix livres de poudre de senteur, une bouteille d'essence au jasmin, deux énormes pots de pommade à la fleur d'orange, deux houppes à poudrer, un très bon couteau, trois éponges fines, trois balais pour secrétaire, quatre paquets de plumes, deux pinces à toilette très propres, une paire de ciseaux de poche très bons, deux brosses à frotter, enfin trois paires de pantoufles bien fourrées, et, puis je ne me souviens de rien de plus. »

En vérité, cette énumération laisse rêveur. On ne se représente pas Voltaire chassant. En revanche il fut toujours recherché dans sa toilette. Mais il s'aperçoit quelques jours après qu'il a oublié quelque chose : il a besoin d'un chimiste, et écrit :

Décembre 1737. à M. l'Abbé Moussinot,

« Vous me parlez, cher abbé, d'un bon homme de chimiste... Il sera ici d'une liberté entière, pas mal logé, bien nourri, une grande commodité pour cultiver à son aise son talent de chimiste ; mais *il faudrait qu'il sût dire la messe*, et qu'il voulût la dire les dimanches et fêtes dans la chapelle du château ; cette messe est une condition sans laquelle je ne puis me charger de lui. Je lui donnerai cent écus par an mais je ne peux rien faire de plus... S'il accepte mes propositions, il peut venir avec tous ses instruments de chimie. S'il a besoin d'argent vous pouvez lui donner un quartier d'avance... Envoyez hardiment trois cent louis avec les livres et les bagatelles que je vous ai demandées... Au reste, mon cher ami, je suppose que votre chimiste est un homme sage puisque vous me le proposez ; dites-moi son nom, car encore faut-il que je sache comment il s'appelle ? »

L'abbé trouvait-il tout cela dans son cloître Saint-Merry ?

Quelque temps auparavant, Voltaire le chargeait d'autres missions difficiles : Il s'apercevait sans doute qu'il n'est pas si aisé de devenir savant et écrivait :

« Armez-vous de courage, mon cher et aimable facteur, car aujourd'hui je serai importun. Voici une négociation de savant, où il faut que vous réussissiez et que je ne sois point deviné. Visite à M. de Fontenelle, et longue explication sur ce qu'on entend par propagation du feu. Les raisonneurs, auxquels je m'avise quelquefois de me fourrer, disputent si le feu est pesant ou non. M. Lémeri, dont vous m'avez envoyé la chimie, prétend qu'après avoir calciné cinq livres de plomb, etc...

« Voici maintenant la grâce que je vous demande. Entrez chez *votre voisin, le sieur Geoffroy*, apothicaire, de l'Académie des sciences ; liez conversation avec lui, au moyen d'une demi-livre de quinquina que vous lui achèterez et que vous m'enverrez. Interrogez-le sur les expériences de Lémeri et de Homberg, et sur les miennes. Vous êtes un négociateur très habile... »

Nous avons recherché qui était ce M. Geoffroy. Il est ou plutôt ils sont (car c'étaient le père et le fils) mentionnés dans l'*Almanach commode des adresses*, par Abraham Pradel (1692) (1) : « Messieurs Geoffroy, *rue Bourtibourg* ». Leur apothicairerie célèbre est décrite ainsi par un contemporain (2) :

« Elle est dans la rue Bourgthibourg : l'entrée de la basse-cour est par une porte cochère avec des niches où sont de grands vases de cuivre. Quand vous êtes entré, vous trouvez des salles ornées d'énormes vases et de mortiers de bronze qui sont là pour la parade autant que pour l'usage. Les drogues et les préparations sont en des armoires rangées autour de ces pièces. Sur les derrières sont des laboratoires très propres et parfaitement montés. »

Plus tard, Fontenelle dit, en parlant de cette officine :

« Elle fut un vrai centre de réunions scientifiques : M. Cassini y apportait ses planisphères, le P. Sébastien ses machines, M. Joblot ses pierres d'aimant, M. du Verney y faisait ses dissections et M. Homberg des opérations de chimie... les conférences parurent si bien entendues et si utiles, qu'elles furent le modèle et l'époque de l'établissement des expériences de physique dans les collèges (3). »

Le père, Mathieu-François Geoffroy, est qualifié : marchand apothicaire, ancien échevin, ancien consul. Le fils, (Etienne-François Geoffroy, mort en 1731) avait voyagé. Il avait reçu une éducation soignée ; Lyster le vit en Angleterre avec le comte de Tallard ; il arriva comme médecin à l'Académie des sciences, et Fontenelle fit son éloge, dont nous avons tiré les quelques lignes ci-dessus. Comme il mourut en 1731, ce doit être d'un petit-fils qu'il s'agit.

Voltaire écrit quelques jours après au bon abbé :

« Voudriez-vous, mon cher ami, faire une visite longue ou courte, à votre gré, à M. Boulduc (4), savant chimiste ? On m'assure qu'il fait des expériences tendant à prouver que le feu n'augmente pas la pesanteur des corps ; il s'agit d'avoir sur cela une conversation avec lui. Il y a encore un M. Grosse, qui demeure dans le même corps de

---

1. Livre commode des adresses d'A. du Pradel (1692) édité et annoté par E. Fournier.
2. Voyage à Paris de Lyster, ch. XI.
3. Fontenelle, Eloges.
4. Boulduc est mentionné aussi dans l'*Almanach commode des adresses*, mais il demeure rue des Boucheries-Saint-Germain.

logis : c'est encore un chimiste très intelligent et très laborieux, je vous prie de demander à l'un et à l'autre ce qu'ils pensent des expériences du plomb calciné, etc. Ils se feront un plaisir de vous parler, de vous instruire, et vous m'enverrez un précis de leurs instructions philosophiques. C'est là, mon cher correspondant, une commission plus amusante que de se mettre au marc la livre avec les créanciers du prince de Guise. Ce prince m'a toujours caché l'établissement d'une commission pour la liquidation de ses dettes. Une rente viagère doit être sacrée, il m'en doit trois années, etc... »

Voit-on souvent Voltaire sous ce jour? Et nous qui étudions notre 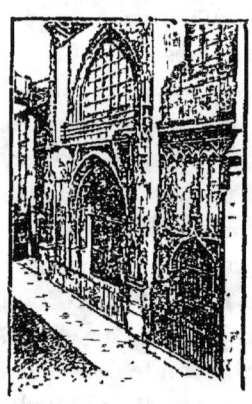 quartier dans ses origines, ne pouvons-nous pas nous représenter le bon abbé, sortant de la maison des chanoines, qu'il habitait dans le cloître Saint-Merry, au coin de la rue Taille-Pain (maison qui existe encore ainsi que toutes celles de son entourage) (1), et se rendant à petits pas chez son voisin l'apothicaire, membre de l'Académie des sciences, s'il vous plaît, pour lui tirer, si le lecteur permet l'expression, les vers du nez pour le plus grand profit du grand démolisseur futur de l'Eglise. Je m'imagine l'abbé Moussinot un peu replet, avec une bonne face et une certaine finesse cachée. Je vois aussi les apothicaires d'il y a cent ou deux cents ans, prédécesseurs des droguistes actuels, dans ces vieilles maisons aux murs épais, aux portes voûtées et basses d'où s'échappent, quand vous longez leurs trottoirs étroits, des relents d'épices et de senteurs : parfumeurs, droguistes, distillateurs, épiciers en gros, marchands de cafés, de cannelle, de vanille habitent encore ces mêmes maisons où Moussinot venait habilement prendre des renseignements pour permettre à Voltaire de concourir pour le prix de l'Académie.

J'en cite encore deux :

---

1. Ces maisons ne dureront plus longtemps : on va les démolir (v. comptes rendus des séances de la Cité. Séance du 22 janvier 1909).

« Encore une petite visite, mon cher ami, au sieur Geoffroy. Remettez-le encore, moyennant quelques onces de quinquina, ou de manne, ou de tout ce qu'il vous plaira d'acheter pour votre santé ou pour la mienne ; remettez-le, dis-je, sur le chapitre du plomb, qui augmente de poids, etc., etc. Sachez, mon cher ami, le sentiment de M. l'apothicaire sur tous ces objets, et mandez-le moi vite. Vous êtes très capable de faire parler ce chimiste, et tous les chimistes de l'académie, etc. »

6 juillet. — « Il y a plaisir, cher ami, à vous donner des commissions savantes tant vous vous en acquittez bien... J'abuse excessivement de votre patience. Mais en revanche, je vous aime excessivement. »

Il y a des passages touchants : « Décembre : J'attends le pâté que vous m'annoncez, et pour douze ou quinze francs de joujous d'enfants. Nous voici bientôt aux étrennes, c'est le temps de leur plaisir, et de ma petite moisson (?) à laquelle il faut penser. » Puis tout d'un coup : « Si l'on ne voit point distinctement les satellites de Jupiter, je ne veux point du télescope de Newton. Notre chimiste fait des difficultés ! Il faut payer son voyage et rester là. »

Il faut croire que le chanoine n'avait pas réussi à trouver le chimiste-aumônier.

En outre de son trésorier demeurant cloître Saint-Merry, Voltaire avait d'autres attaches dans le IV<sup>e</sup> actuel. Nous avons mentionné ses nièces, les demoiselles Mignot, qui demeuraient rue Cloche-Perce. Voltaire en parle souvent à son factotum pendant le cours de l'année 1737. Il veut les marier. C'est encore Moussinot et puis un autre ami, Thierot, qui sont chargés des préliminaires.

3 novembre. « ... Vous devriez bien aller voir mes nièces, qui ont perdu leur père. Vous me ferez grand plaisir de leur parler de leur oncle le solitaire (sans témoins, s'entend)... » Toujours des mystères. « Il y a là une nièce, l'aînée, qui est une élève de Rameau et qui a l'esprit aimable. Je voudrais bien l'avoir près de moi ainsi que sa sœur... » Il entreprend de la marier, cette aînée qui fut M<sup>me</sup> Denis, à un gentilhomme de ses voisins et n'arrive pas à la faire persuader qu'elle sera plus heureuse châtelaine près de lui, que petite bourgeoise à Paris. « Dieu veuille que quelque plat bourgeois de Paris ne

l'ensevelisse pas dans un petit ménage, avec des caillettes de la rue Thibautodé (1) » (L. à Thieriot, 23 décembre.)

Voici deux lettres au sujet de cette nièce et de son mariage.

Cirey, 21 décembre 1737, à M. Thiriot,

« Je réponds en hâte, mon cher ami, à votre lettre du 18, touchant l'article qui concerne mes nièces. Vous mandez à M$^{me}$ du Châtelet que vous pensez que je veux faire plus de bien à ce gentilhomme que je propose qu'à ma nièce elle-même. Je crois en faire à tous les deux; et je crois en faire à moi-même en vivant avec une personne à qui le sang et l'amitié m'unissent, qui a des talents, et dont l'esprit me plaît beaucoup. Je trouve de plus une charge très honnête, convenable à un gentilhomme, et, qui plus est, lucrative, que ma nièce pourrait acheter, et qui lui appartiendrait en propre. Je connais moins la cadette que l'aînée, mais quand il s'agira d'établir cette cadette, je ferai tout ce qui sera en mon pouvoir. Si ma nièce aînée était contente de sa campagne, et qu'elle voulût avoir un jour sa sœur auprès d'elle ; si cette sœur aimait mieux être dame de château que citadine de Paris malaisée, je trouverais bien à la marier dans notre petit Paradis terrestre. Au bout du compte, je n'ai réellement de famille qu'elles ; je serai très aise de me les attacher. Il faut songer qu'on devient vieux, infirme, et qu'alors il est doux de retrouver des parents attachés par la reconnaissance. Si elles se marient à des bourgeois de Paris, serviteur très humble, elles sont perdues pour moi. Vieillir fille est un piètre état. Les princesses du sang ont bien de la peine à soutenir cet état contre nature. Nous sommes nés pour avoir des enfants. Il n'y a que quelques fous de philosophes, du nombre desquels nous sommes, à qui il soit décent de se sauver de la règle générale (2). »

La nièce refuse; et quelque temps après (28 décembre 1738) il écrit à l'abbé Moussinot :

« Après cette bonne œuvre, vous en ferez une autre d'honnêteté : ce sera de porter à M$^{lle}$ Mignot, l'aînée, un sac de mille livres, lui demandant bien pardon de ma grossièreté, et lui ajoutant que sur

---

1. L'ancienne rue Thibaut-aux-dez, actuellement rue des Bourdonnais, (I$^{er}$ arr.$^t$).
2. *Corresp. Gén.*, t. II, p. 125.

ces mille livres il y en a quatre cents pour sa cadette. Vous direz en particulier à cette aînée que je suis fâché qu'elle ait refusé le parti que je lui proposais. Assurez-la de ma tendre amitié dans les termes les plus forts ; vous me ferez plaisir de lui faire un peu sentir la différence de mon caractère avec celui d'Arouet, ma facilité en affaires, enfin tout ce que vous croyez qui pourra augmenter son amitié et sa confiance (1). »

7 février 1738, à M. Thiriot,

« Vous vous intéressez à mes nièces. vous savez sans doute ce que c'est que M. de la Rochemondière, qui veut de notre aînée. Si je peux faciliter ce mariage, en assurant vingt-cinq mille livres, je suis tout prêt... ma nièce doit regarder mes sentiments pour elle comme aussi sûrs qu'un contrat par devant notaire... Je ferai à peu près pour la cadette ce que je fais pour l'aînée. Leur frère, correcteur à la Cour des comptes, est bien pourvu. Le petit frère (2) sera, quand il voudra, officier dans le régiment de M. du Châtelet. Voilà toute la nichée établie d'un coup de plume (3). »

Si nous nous sommes étendus sur cette *nichée*, c'est qu'elle demeurait sur Cloche-Perce, dans l'hôtel d'un oncle *paternel*, Mignot de Montigny, président du bureau des Finances comme nous l'avons dit et souvent Moussinot vint réclamer là les neveux de Voltaire pour ses commissions, surtout le correcteur à la Cour pour l'appuyer près du lieutenant de Police.

Cependant cette nièce se marie enfin et devint M$^{me}$ Denis (4). Mais elle avait quitté la rue Cloche-Perce et était venue demeurer rue des Deux-Boules, près de cette rue Thibotodé qui effrayait son oncle. Aussi le mariage eut lieu à Saint-Germain-l'Auxerrois. Voltaire écrit au sujet de sa noce une lettre assez drôle, elle est connue et ne rentre pas assez dans notre sujet.

L'abbé Moussinot, ami et factotum de Voltaire, gardait cependant ses opinions personnelles, car Voltaire raille amicalement en lui écrivant (octobre 1738) :

---

1. *Corresp. Gén.*, t. II, 134.
2. Ce fut l'abbé Mignot, auquel Voltaire dut une sépulture décente.
3. *Corresp. Gén.*, t. II, p. 142.
4. La seconde devint M$^{me}$ de Fontaine d'Ormoy.

« Un paquet plat, contenant une pièce peut-être fort plate, partit hier par le carrosse de Joinville ; je l'adresse à M. l'abbé Moussinot, mon ami ; mais comme les jansénistes n'aiment point les pièces de théâtre, elle est destinée à un honnête jésuite, nommé le Père Brumoi. J'avertis mon chanoine qu'il peut à toute force lire la tragédie : 1° parce qu'elle est sans amour... 2° cette Mérope étant probablement ennuyeuse, pourra passer pour le huitième des psaumes pénitentiaux. Lisez-le donc, ce huitième psaume. »

L'abbé est chargé des petits cadeaux galants : juillet 1736 : « J'ajoute à cette prière, mon cher abbé, celle de me faire acheter une petite table à écran qui puisse servir d'écran et d'écritoire et de la faire porter de ma part chez M<sup>me</sup> de Winterfelt, rue Plâtrière, près des filles de Sainte-Agnès. » M<sup>me</sup> de Winterfeld, c'est l'ancienne Pimpette !

12 novembre 1736, t. II, p. 52 : « Je vous supplie instamment d'envoyer à M<sup>lle</sup> Quinault, rue d'Anjou-Dauphine, ce joli petit secrétaire que je lui avais destiné. »

12 décembre 1736, à M. Berger : « Je vous prie de passer chez l'abbé Moussinot, il y a une très jolie pendule en or moulu, dont je veux faire présent à M<sup>lle</sup> Quinault pour ses peines. »

*
* *

Les biographes de Voltaire ont été obligés de consacrer de nombreuses pages à ses démêlés avec ses libraires. Lui-même, aussi prolixe que violent quand il se dispute, n'a pas d'épithètes assez grosses pour ceux qui luttent contre ses intérêts : il est à remarquer que Voltaire demande continuellement la protection de la police. Voici des extraits de ses nombreuses lettres au lieutenant de police :

15 juin 1736 : « J'ai laissé tous les papiers concernant l'affaire Jore au sieur Robert, avocat, *rue du Mouton près la Grève.* » Mais il s'étonne que son adversaire puisse trouver un avocat : « Il y a autant d'absurdité que de scélératesse dans la conduite de cet homme, et il est étrange que l'avocat Bayle veuille les partager... Jore demeure chez Tabari, rue du Paon, au petit hôtel Condé. » Le 26 juin 1736 : « Le public est indigné contre l'insolence de Jore et la témérité de l'avocat Bayle... libelle infâme... lois, bonnes mœurs et votre auto-

rité également blessées... scélérat coupable... odieuses manœuvres, etc. »

Toujours à M. Hérault lieutenant de police : « Je n'ai pas encore pu être assez heureux pour vous trouver chez vous. J'apprends dans ce moment, que Jore est venu se plaindre de vous chez Dumoulin, rue de Longpont, je vous supplie, monsieur, de faire attention que ce Dumoulin, ci-devant mon homme d'affaires, m'ayant volé mon bien, garde encore tous mes manuscrits, etc. » Cirey, 13 novembre 1738 : « il y a peu de scélérats aussi dangereux que ce misérable... »

Voltaire désavouait les *Lettres philosophiques* et voulait en faire retomber le danger sur les libraires qui les publiaient : en 1735, au lieutenant de Police : « C'est moi-même qui vous ai fait découvrir, comme vous le savez, l'édition qu'un nommé René Josse, libraire sur le *Pont Notre-Dame*, faisait des lettres philosophiques.

Il prit ensuite comme libraire Prault fils, quai Conti, et sauf son manque d'exactitude, cela marcha assez bien :

Cirey, septembre 1736 à l'abbé Moussinot. « Je ferai dans peu un petit voyage à Paris et je feuilleterai mon Prault, ce libraire en use très mal suivant la coutume des libraires, qu'il ne m'échauffe pas les oreilles. »

Novembre 1737 : « Prault doit donner 50 francs à M. votre frère. Je le veux ; c'est mon petit pot de vin, une bagatelle qui est entrée dans mon marché ; et quand cette bagatelle sera payée, M. votre frère grondera de ma part le négligent Prault qui, dans les envois des livres que je veux, met toujours des retards qui m'impatientent cruellement.

« Si Prault n'est pas exact à suivre mes intentions, je vous prierai d'en prendre un autre : je suis las d'avoir la moutarde après dîner.

« Passez donc chez M. Prault fils et priez-le de donner encore cinquante livres à M. Linant (avec lequel Voltaire était fâché alors après l'avoir longtemps protégé). Surtout que M. Linant donne sa tragédie à imprimer à M. Prault, c'est une justice que ce libraire aimable mérite... L'aimable Prault a encore donné cent vingt livres pour moi au sieur Lamarre... »

Lettre de M<sup>me</sup> du Châtelet au comte d'Argental, décembre 1738.

« Je suis très contente des procédés de Prault; je le crois honnête homme dans sa profession, ce qui est bien rare ; vous nous avez fait là un vrai présent. »

Octobre 1737 : « Donnez *Enfant prodigue* à Prault moyennant cinquante louis d'or, six cent francs tout de suite et un billet pour les six cents autres livres, payables quand ce malheureux *Enfant* verra le jour. »

Mais Prault, à l'occasion d'une publication d'un recueil de pièces diverses de M. de Voltaire, vit en 1739 sa boutique fermée pour trois mois par arrêt de police, précédé d'une saisie faite chez son beau-père, le sieur Desfères, marchand joaillier au *Pont-au-Change*, lequel lui avait loué une chambre sise au troisième étage, où les agents s'emparèrent des exemplaires prohibés (1).

Voltaire en exprime amèrement sa rancune (*Corr. gén.*, 1739).

C'est dans ces sortes de circonstances que notre écrivain débla-tère contre Paris, comme on le verra plus loin.

---

1. Registres du Conseil d'Etat du 4 décembre 1739.

« Vu par le Roy, estant en son conseil, le procès-verbal du sieur Lespinay, en date du 24 novembre dernier, contenant qu'en exécution des ordres de Sa Majesté, il se serait transporté dans une maison dite sur le Pont-au-Change, occupé le nommé Desfères, marchand jouaillier, sur l'avis qui aurait esté donné que dans ladite maison il y avait un dépôt d'imprimez prohibez ; où, estant monté au troisième estage il serait entré dans une chambre, dans laquelle il aurait en effet trouvé une quantité considérable de feuilles imprimées, et entr'autres un grand nombre d'exemplaires d'un ouvrage intitulé : *Recueil des pièces fugitives*, en prose et en vers, par M. de Voltaire. Et ledit sieur commissaire, ayant requis ledit Desfères, de déclarer à qui il avait loué ladite chambre, il aurait dit que c'était le nommé Prault fils libraire, son gendre, qui l'avait prié de la lui prester, pour y mettre différents imprimés et livres qu'il luy avait assurés estre permis. Et Sa Majesté, voulant réprimer une contravention qui blesse également l'ordre public et les bonnes mœurs, soit par la nature de l'ouvrage, soit par la témérité du sieur Prault fils, libraire, qui, au préjudice des règlements de la librairie a fait imprimer, sans privilège ni permission, l'ouvrage dont il s'agit, et a entreposé clandestinement l'édition dans un magasin non déclaré aux officiers de la librairie, à moy voulant pourvoir ; Ouy le rapport, etc.

Et pour la contravention commise par ledit Prault fils, ordonne Sa Majesté, que sa boutique sera et demeurera fermée pendant l'espace de trois mois..., le condamne en outre à cinq cent livres d'amende et lui fait défences de récidiver, sous peine de deschéance de sa maîtrise. Enjoint Sa Majesté au sieur Hénault, conseiller d'état, lieutenant général de la police de la ville, prévoté et vicomté de Paris, etc.

S. Philippeau.

## IV

### L'HÔTEL LAMBERT

Presque toutes ces lettres sont datées de Cirey, où Voltaire et son amie étaient si bien établis, mais en 1738 (octobre, au comte d'Argental), M^me du Châtelet écrit : « Je ne sais comment Thiriot vous a pu dire que nous ne retournerions point à Paris, puisque je l'ai chargé de conduire, pour M. du Châtelet, le marché de la maison de M^me Dupin si nous pouvons l'avoir pour un prix raisonnable. Vous voyez bien que mon retour à Paris, un jour à venir, entre dans mes projets... le plaisir de vous voir souvent à Paris me dédommagera de Cirey... je vous prie de ne point parler de mes vues pour la maison de M^me Dupin, car il n'y a déjà que trop de gens après. »

Le 3 janvier 1739 : « M. du Châtelet ira à Paris vers le 14, et j'espère qu'il y consommera l'affaire de la maison de feu M. le président Lambert que j'ai une envie extrême d'acheter : cela me paraît un beau et digne morceau à mettre dans ma maison... Sans vous, je crois que je ne reverrais jamais Paris mais je ne puis vivre sans espérer de vivre un jour avec vous. Cette acquisition est encore un secret à cause des acheteurs. »

Le 20 février, au même : « M. du Châtelet sera à Paris le 26 ou le 27 ; il ira pour la maison de M. Dupin ; je ne sais s'il l'achètera mais je sais bien que je le désire infiniment, car cela me rapprocherait de vous. » (1).

De son côté, Voltaire écrivait, dès le mois de novembre 1738, à Thiriot : « S'il y avait à Paris bien des gens de cette trempe, il faudrait acheter vite le palais Lambert. Aussi achèterons-nous, je crois et nous pardonnerons à la multitude des sots en faveur de quelques justes. »

Le 6 décembre, au comte d'Argental : « Nous pourrions bien acheter l'hôtel Lambert à Paris, non comme palais, mais comme solitude, et solitude qui nous rapprocherait du plus aimable des hommes. »

---

1. Lettres inédites de M^me du Châtelet publiées en 1882.

Et, plus tard, à M. de Mairan en anticipant sur notre récit (Bruxelles, 1ᵉʳ avril 1741) après une longue lettre où il discute des questions de chimie : « Si nous étions à Paris, la paix serait bientôt faite ; et je me flatte bien que nous dînerions ensemble un jour dans cette

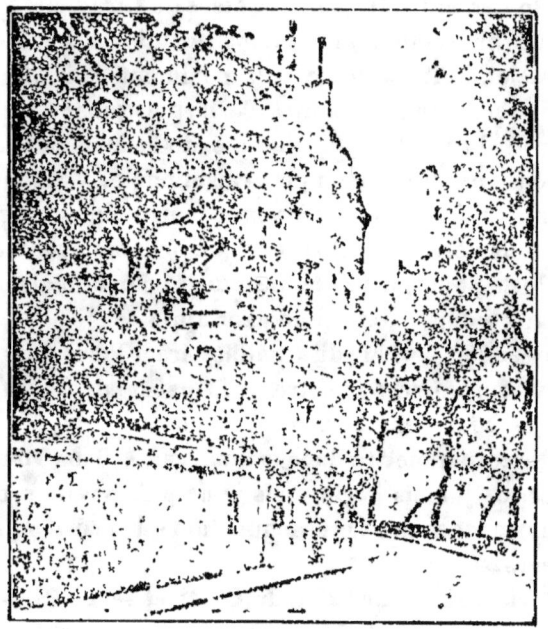

Hôtel Lambert

belle maison, consacrée aux arts, peinte par Lesueur et par Lebrun, et digne de recevoir M. de Mairan. »

Il disait à peu près la même chose à tout le monde. On voit qu'il n'était pas peu fier de l'acquisition.

Cirey, 14 avril 1739, à M. Lefranc (1).

« ... Je me flatte qu'enfin je pourrai jouir d'une société que vos lettres me rendent déjà chère. J'espère aller dans quelques années à Paris. Mᵐᵉ la marquise du Châtelet vient de s'assurer une autre retraite délicieuse ; c'est la maison du Président Lambert, il faudra

---

1. Le Franc de Pompignan. Ils devaient se fâcher plus tard.

être philosophe pour venir là. Nos petits-maîtres ne sont point gens à souper à la pointe de l'île, mais M. Le Franc y viendra... »

Ils quittent alors la Lorraine et arrivent à Paris, d'où il écrit à M. de Cideville, le 5 septembre 1739 : « Pour l'instant, la divine Emilie s'est trouvée dans la nécessité de partir pour Paris, et me voilà. »

Mais il n'est pas content, il arrive dans la capitale au moment des fêtes données pour le mariage de Madame (1) avec l'Infant. « Tous les gens de ce pays-ci ont la tête tournée, ils ne parlent que de feux d'artifice et de fusées volantes, et d'une Madame et d'un Infant qu'ils ne verront jamais (2). Quels grands imbéciles ! » Quant à lui : « Je vais courir par cette grande ville et chercher pour un mois quelque gîte tranquille où je puisse vous écrire quelquefois. Que dites-vous de ce Voltaire, qui a des meubles à Bruxelles et loge en chambre garnie à Paris ? » En effet, l'hôtel Lambert n'était pas encore acheté et après avoir donné son adresse pour la correspondance à l'hôtel Richelieu où était descendue la divine Emilie chez ses amis, il dit deux lettres plus loin qu'il est, lui : Hôtel de Brie, rue Cloche-Perce.

A M. de Cideville, 11 octobre 1739 : « Mon cher ami, je tombai malade le jour même que je devais partir avec M. le duc de Richelieu, et me voici entre MM. Silva et Morand... (3). On me saigne, on me baigne ; si vous êtes encore dans le voisinage de Paris et dans le dessein d'y faire un tour, votre ancien ami gît rue Cloche-Perce, à l'hôtel de Brie et Emilie plane à l'hôtel Richelieu. »

Cideville répond :

« Oui j'irai, cher ami, dans peu,
Mais trop tard au gré de mon envie,
    Adorer Emilie
A cet hôtel de Richelieu,
Vous baiser à celui de Brie,
Sans m'enivrer du vin lieu, »

---

1. Mme Elisabeth, fille aînée du roi avec Don Philippe, infant d'Espagne.
2. Cor. gén., t. II, p. 418.
3. Médecins.

Ce qui laisse à supposer que la chère n'y était pas très bonne. Mais leur centre intellectuel était à l'Hôtel Richelieu, place royale, où la plus grande affection les unissait au duc et à sa femme. Ce fut-là que fut composée *La Pucelle*.

A peine sont-ils à Paris qu'ils repartent pour Bruxelles.

Il ne faut pas croire cependant qu'ils ne songeaient tous deux qu'à acheter des palais et passer des délices de Cirey à ceux de la grande ville. Leur existence est déchirée par tous ces tiraillements qui accompagnent sans cesse Voltaire : querelles avec Rousseau, avec Desfontaines, ouvrages imprimés, désavoués, libelles, diffamations. Mme du Châtelet prend à cœur tous les intérêts de son ami. Elle lui cache un moment l'existence de la *Voltairomanie* et il s'en plaint. Et Moussinot de courir partout et de présenter des placets à M. Hérault, le lieutenant de police, pour obtenir justice contre les diffamateurs de son patron. Il y a même un mot bien candide de Voltaire : « je vous avoue que, au milieu des remerciements que je dois à l'autorité, qui m'a bien servi en cette occasion, j'ai un petit remords, comme citoyen, d'avoir obligation au pouvoir arbitraire ; cependant, il m'a fait tant de mal, qu'il faut bien permettre qu'il me fasse du bien, une fois dans ma vie. » (Lettre de V. à Cideville, 2 juillet 1736.)

Le lecteur dira que dans tout cela, Voltaire n'est point à Paris. Mais en vérité, n'y vit-il point par l'esprit ? C'est là que l'on imprime ses œuvres, qu'on les joue, qu'on les condamne, qu'on les applaudit, qu'il se dispute, qu'il a ses amis. Cependant sous le coup de ses déboires avec Thiriot [1], il écrit (29 décembre 1738) :

« Je n'ai nul empressement pour le Palais Lambert, car il est à Paris. Si Mme du Châtelet veut l'acheter, il lui coûtera moins que vous ne le dites. Je vivrai avec elle là comme à Cirey... je ne crois pas que cette acquisition dérange sa fortune, et je crois que je pourrai toujours la voir jouir d'un état très honorable. »

Mme du Châtelet, qui se démène, se méfie de tout le monde : de

---

1. On remarquera que nous nous sommes peu occupés de Thiriot, le plus fréquent correspondant de Voltaire. C'est que nous savons que l'un de nos plus éminents collaborateurs, M. P. d'Estrée, prépare une note sur ses séjours dans le IVe.

Demoulin, de Linant, de Berger, de Thiriot et elle a raison, mais elle s'en prend même à l'honnête abbé Moussinot (1).

« L'abbé Moussinot fait à présent le malheur de ma vie ; il écrit à votre ami les lettres les plus fortes pour l'engager à aller à Paris » (mars 1739).

« Ce voyage à Paris me fera mourir de douleur. » Pourquoi ?

Et Voltaire écrit le 10 janvier 1739 : « Je voulais aller à Paris, M. et M$^{me}$ du Châtelet m'en empêchent. »

M$^{me}$ du Châtelet sentait qu'il lui échappait, et qu'une autre influence, une influence royale, allait dominer la sienne.

Enfin, en 1740 (2 juin), Voltaire écrit :

« Nous sommes enfin déterminés, mon cher abbé, à habiter le palais Lambert, et pour cela nous nous recommandons à vos bontés accoutumées. M$^{me}$ du Châtelet a quelques meubles qui peuvent aider ; elle a surtout un fort beau lit sans matelas. Ces meubles sont chez M$^{lle}$ Auger qui se donnera tous les mouvements nécessaires pour vous seconder, qui sera à vos ordres, qui fera tout ce que vous commanderez. Aidez-nous, je vous prie mon cher abbé, dans ce petit projet qui nous rapprochera de vous. Meublez donc ce palais comme vous pourrez, au meilleur marché que vous pourrez, le plus tôt que vous pourrez. »

Et nous allons être amenés, en parlant de l'hôtel Lambert, à parler de la correspondance de Voltaire avec le roi de Prusse, où nous trouverons plusieurs citations intéressantes.

Cette correspondance avait commencé en 1736, quand Frédéric n'était que prince héritier, et pas très heureux, comme on sait. Voltaire est extrêmement flatté de recevoir des avances d'une Altesse royale ; les missives succèdent aux missives, l'amour des Belles-Lettres en est le point initial. Le prince veut que Voltaire corrige ses essais

---

1. Le nom de l'abbé Moussinot, dit Nicolardot, cesse de couler sous la plume de Voltaire en 1743. (On le verra donc encore cité une ou deux fois.) Mais il ne mourut qu'en 1771. — Un factotum si fidèle devint-il complètement étranger à Voltaire ? On ne voit pas cependant qu'il se soit fâché avec celui-ci, comme avec Dubreuil, Thiriot, etc. Il appert de l'acte de décès relevé sur les registres de Saint-Merry le 7 décembre 1766, de la dame Barbe Moussinot épouse Germain Dubreuil, que l'abbé était beau-frère de ce dernier, car l'acte est signé : Bonaventure Moussinot, son frère, docteur en théologie, chanoine de Saint-Merry.

de vers français ; le poète envoie ses ouvrages à la haute appréciation de *Salomon du Nord* qualifié quotidiennement de : Marc-Aurèle. Trajan, etc., et qui signe, simplement : Fédéri.

Le prince riposte :

> La sublime Emilie et le divin Voltaire
> Sont de ces présents précieux
> Qu'en mille ans, une fois ou deux,
> Daignent faire les cieux pour honorer la terre.

Et cela continue, sur ce ton, des années. Mais que la marquise du Châtelet demande une petite faveur pour sa terre de Beringhem, Frédéric élude ; que Voltaire fasse une incursion en politique, Frédéric répond en roi de Prusse. Il le devint en 1740. Voltaire ne se sent pas de joie. Voilà la philosophie sur le trône. Il ne perdra ses illusions qu'après le voyage à Berlin, mais pour l'instant, il est tout enthousiasme avec le roi de Prusse et lui écrit (avril 1839) : « Comme il faut rendre compte de tout à son maître, il y a apparence qu'au retour des Pays-Bas nous songerons à nous fixer à Paris. M$^{me}$ du Châtelet vient d'acheter une maison bâtie par un des plus grands architectes de France, et peinte par Lebrun et par Lesueur ; c'est une maison faite pour un souverain qui serait philosophe ; elle est heureusement dans un quartier de Paris qui est éloigné de tout ; c'est ce qui a fait qu'on en a eu pour deux cent mille francs, ce qui a coûté deux millions à bâtir et à orner, je la regarde comme une seconde retraite, comme un second Cirey. Croyez, Monseigneur, que *les larmes coulent de mes yeux* quand je songe que tout cela n'est pas dans les états de Marc-Aurèle-Frédéric. *La nature s'est bien trompée en me faisant naître bourgeois de Paris*. Mon corps seul y sera. Mon âme ne sera jamais qu'auprès d'Emilie et de l'adorable prince, dont je serai toujours etc... » (1)

L'époque de son enthousiasme pour le roi de Prusse est celle de son dégoût pour Paris :

« On ne parle à Paris que de fêtes, de feux d'artifices ; on dépense beaucoup en poudre et en fusées. On dépensait autrefois davantage en esprit et en agrément et quand Louis XIV donnait des fêtes, c'était

---

1. *Corr. avec le R. de P.*, t. I, p. 356.

les Corneille, les Molière, les Quinault, les Sully, les Lebrun qui s'en mêlaient. Je suis fâché qu'une fête ne soit qu'une fête passagère, du bruit, de la foule, beaucoup de bourgeois, quelques diamants et rien de plus ; je voudrais qu'elle passât à la postérité. Les Romains, nos maîtres, entendaient mieux cela que nous ; les amphithéâtres, les arcs de triomphe, élevés pour un jour solennel, nous plaisent et nous instruisent encore. Nous autres, nous dressons un échafaud dans la place de Grève, où la veille on a roué quelques voleurs ; on tire des canons de l'Hôtel de Ville. Je voudrais qu'on employât plutôt ces canons-là à

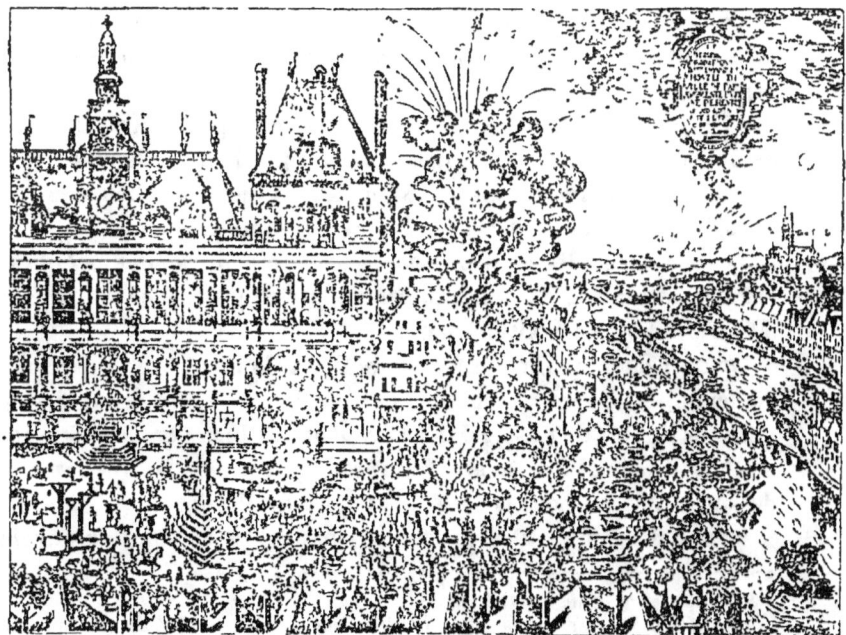

PARIS A TRAVERS LES AGES. — HISTOIRE DE L'HÔTEL DE VILLE.

détruire cet Hôtel de Ville, qui est du plus mauvais goût du monde et qu'on mît à en rebâtir un beau, l'argent qu'on dépense en fusées volantes. Un prince qui bâtit fait nécessairement fleurir les autres arts : la peinture, la sculpture, la gravure marchent à la suite de l'architecture. Un beau salon est destiné pour la musique, un autre pour la comédie. On n'a à Paris, ni salle de musique, ni salle d'Opéra ; et par une contradiction trop digne de nous, d'excellents ouvrages sont représentés sur de très vilains théâtres... (1) » (Vous êtes orfèvre, Monsieur Josse).

Et comme il aime à se répéter, il écrit en septembre 1739 :

« J'ai vu les fusées volantes qu'on a tirées à Paris avec tant d'appareil ; mais je voudrais toujours qu'on commençât par avoir un *Hôtel de Ville*, de belles places, des marchés magnifiques et commodes, de belles fontaines. » Nous voilà revenus aux *Embellissements de Paris*, 1739, c'étaient les mêmes idées, presque les mêmes mots, en un mot le thème de Voltaire à cette époque, et nous les trouvons encore exprimées une troisième fois dans les variantes du *Temple du goût*. Que le lecteur ne dise pas que nous nous répétons : c'est Voltaire qui se répète :

« Un jour vous n'aurez plus vos cathédrales gothiques ; les salles de vos spectacles seront dignes des ouvrages immortels qu'on y représente ; de nouvelles places (2) et des marchés publics construits sous des colonnades décoreront Paris comme l'ancienne Rome ; *les eaux seront distribuées dans toutes les maisons comme à Londres*, les inscriptions de Santeuil ne seront plus la seule chose que l'on admirera dans vos fontaines, etc. »

On voit donc qu'il n'était pas ami de Paris ni surtout de sa partie ancienne, et les rares choses qu'il y admirât ne se trouvaient pas dans les limites de nos quartiers ; et il aurait bien donné Saint-Jean-de-Grève, Saint-Barthélemy, Saint-Merry, etc., et Notre-Dame par-dessus le marché pour la salle de l'Opéra de Berlin.

Le roi glisse un petit mot sur sa manie : « Je vous en envoie le

---

1. *Cor. avec le R. de P.*, t. I, p. 379.
2. A propos des grandes places, nous citons comme se rattachant à notre sujet, cette lettre de M. de Maurepas, au prévôt des marchands, 17 février 1746. « J'ai su qu'on devait vous faire la proposition de former une place devant le portail de l'église de Notre-Dame, en faisant acheter par la ville une certaine quantité de maisons que l'on détruirait à cet effet. Quoiqu'on ne m'eût exposé cette proposition que généralement, je trouvais déjà plus d'une difficulté à la recevoir ; mais le détail que vous me faites du projet et de ce qu'il faudrait faire pour parvenir à son exécution, achève de me persuader qu'il n'est pas possible de l'admettre.

« Il n'en résulterait point une place, qui, cependant, est l'objet qu'on se propose, et l'idée de détruire la plus grande partie de l'Hôtel-Dieu pour augmenter l'espace et faire une place régulière, obligeant de transporter ailleurs l'Hôtel-Dieu, devient une entreprise immense, à laquelle le motif d'étendre le parvis de Notre-Dame ne suffit pas pour déterminer. »

dessin (d'embellissements qu'il avait faits à un château) pour vous amuser en attendant qu'on reconstruise l'Hôtel de Ville de Paris et les marchés. »

Il est à remarquer que si Voltaire est en avance de plus de cent ans pour la distribution de l'eau dans les maisons, on ne tarda pas à appliquer aux églises ses idées sur l'architecture. A la fin du règne de Louis XV, Saint-Barthélemy presque entièrement démoli, était reconstruit par Cherpitel, avec colonnes doriques, corniches, portails, niches, autel de Stoldz avec pilastres; et Saint-Merry, Saint-Germain-l'Auxerrois, etc. reçurent dans leurs chœurs des commencements de la même opération que nous pouvons encore constater maintenant.

Nous ne pouvons résister au désir de citer pour la dernière fois ces mêmes sentiments, émis cette fois dans les *Dialogues philosophiques*; là, sous le voile léger de la transposition des noms chère aux littérateurs de cette époque, Paris s'appelle Cachemire, il s'agit donc des *Embellissements de Cachemire.*

« Les habitants de Cachemire sont doux, légers, occupés de bagatelles, comme d'autres peuples le sont d'affaires sérieuses... Ils n'avaient naturellement aucun goût pour les arts. Le royaume de Cachemire a subsisté près de treize cents ans sans avoir eu ni de *vrais philosophes, ni de vrais poètes, ni d'architectes passables, ni de peintres, ni de sculpteurs* »...!!! (Voltaire qui raye d'un trait toute la pensée de plusieurs siècles n'avait-il jamais senti la poésie qui se dégage ni des cloîtres solitaires, ni de ces minces statuettes du moyen âge qu'on s'arrache à prix d'or). « Ils manquèrent longtemps de manufactures et de commerce, au point que quand un marquis cachemirien voulait avoir du linge ou un beau pourpoint, il était obligé d'avoir recours à un Juif ou à un Banian. Enfin, vers la fin du siècle dernier, il s'éleva dans Cachemire quelques hommes qui semblaient n'être pas de la nation, et qui, munis de la science des Persans et des Indiens portèrent la raison et le génie aussi loin qu'ils peuvent aller. Il se trouva un sultan (1) qui encouragea ces grands hommes et qui, à l'aide d'un bon vizir policea, embellit, enrichit le royaume... On parlait cependant beaucoup de rendre la capitale plus commode, plus

---

1. Louis XIV.

propre, plus saine et plus belle qu'elle ne l'était : on en parlait et on n'en faisait rien. Un philosophe de l'Indoustan (1), grand amateur du bien public et qui disait volontiers et inutilement son avis quand il s'agissait de rendre les hommes plus heureux et de perfectionner les arts, passa par la capitale de Cachemire ; il eut avec l'un des principaux bostangis (2) un long entretien sur la manière de donner à cette ville tout ce qui lui manquait. Le bostangui convenait qu'il était honteux de n'avoir pas un grand et magnifique temple semblable à celui de Pékin ou d'Agra (toujours cette pauvre Notre-Dame), que c'était une pitié de n'avoir aucun de ces grands bazars, c'est-à-dire de ces marchés et de ces magasins publics entourés de colonnes et servant à la fois à l'utilité et à l'ornement. Il avouait que les salles destinées aux jeux publics étaient indignes d'une ville de quatrième ordre ; qu'on voyait avec indignation de très vilaines maisons sur de très beaux ponts, et qu'on désirait en vain des places, des fontaines, des statues et les monuments qui font la gloire d'une nation... »

L'aversion du grand critique pour tout ce qui rappelle le moyen âge, en littérature comme en architecture, se retrouve encore dans un opuscule purement littéraire, et bien mortifiant pour notre pays, le *Discours aux Welches*. Voici la boutade que j'en extrais : « Ne trouvez-vous pas que le nom de vos portes, de vos rues, de vos temples, feraient un bel effet dans un poème épique ? L'oreille est aussi flattée que l'imagination amusée quand les Grecs arrivent de Ténédos aux rivages de Troie, sur les rives de Simoïs et du Scamandre ; mais en vérité, pourrait-on peindre vos héros partant de l'église *Saint-Pierre-aux-bœufs*, ou Saint-Jacques-du Haut-Pas, et avançant fièrement par la rue du *Pet-au-diable*... Pouvez-vous sans honte demeurer *cul-de-sac des Blancs-manteaux* ? Les Romains appelaient ces chemins sans issue *angiportus* ; ils n'imaginaient point qu'un cul pût ressembler à une rue. »

Ce serait le moment de nous écrier jusqu'à un certain point :

Qui nous délivrera des Grecs et des Romains.

---

1. Voltaire lui-même.
2. Echevins.

⁎⁎⁎

Revenons à l'hôtel Lambert.

Vers le mois d'août 1740, Voltaire, alors à Bruxelles, croit que le roi de Prusse viendra de Vesel à Paris. Il manifeste sa joie à l'idée de voir son héros, lui offre l'hospitalité dans ce fameux palais :

« Un palais presque digne de lui l'attend à Paris... O Paris, Paris ! séjour des gens aimables et des badauds, du bon et du mauvais goût, de l'équité et de l'injustice, etc... sois digne si tu peux du vainqueur que tu recevras dans ton enceinte irrégulière et crottée. Puisse-t-il te voir *incognito* et jouir de tout sans les embarras de la royauté ! Heureux l'hôtel du Châtelet, le Cabinet des Muses, la galerie d'Hercule, le salon de l'amour !... »

> Lesueur et Lebrun, nos illustres Apelles,
> Ces rivaux de l'Antiquité,
> Ont, en ces lieux charmants, étalé la beauté
> De leurs peintures immortelles,
> Les neuf sœurs elles-mêmes ont orné ce séjour,
> Pour en faire leur sanctuaire ;
> Elles avaient prévu qu'il recevrait un jour
> Celui qui des neuf sœurs est le roi et le père.

Le roi de Prusse ne vint pas à Paris, il l'explique par la lettre du 2 septembre.

Bien mieux, Voltaire l'habita très peu, ce fameux hôtel, où l'on montre encore sa chambre et son cabinet (1), et dont les splendeurs dégénèrent peu à peu pendant tout le dernier siècle.

Combien de temps? Cinq semaines environ, en mai 1742, dit Desnoiresterres, qui prétend que l'hôtel leur fut seulement loué, et non vendu. La famille Dupin (Dupin de Francueil aïeul de Georges Sand) réduite à tirer partie de son palais par suite de folles pertes au jeu

---

1. L'hôtel Lambert est trop connu pour que nous en fassions ici la description. La *Cité* lui consacra des notices en *juillet 1904* (contenant quelques erreurs) et en *avril 1906*. Le Brun y peignit la galerie d'Hercule ; Le Sueur, son rival, moins pompeux, mais plus apprécié depuis, y travailla neuf ans au Salon de l'amour et au Cabinet des Muses (acquis par l'Etat en 1776 et transportés au Louvre). Il ne reste de lui que les grisailles de l'escalier et de l'antichambre. Il fut acquis au siècle dernier par les princes Czartoriski et revit par moments avec eux son ancienne splendeur.

d'un fils, le vendit en 1747, 500.000 au fermier général Marin de la Haye qui quitta pour l'habiter son voisin et rival l'hôtel Bretonvilliers.

Et Voltaire lui-même nous donne la conclusion : « Cet hôtel Lambert a toujours eu pour moi le charme d'un château en Espagne parce que je ne l'ai jamais habité que de loin. »

Où était-il pendant ces représentations de son *Mahomet* qui fit tant de bruit en 1742. Le lieutenant de police, M. de Marville, le fit plusieurs fois appeler à ce sujet, et la lieutenance de police était alors, d'après M. de Boislille, à *l'Hôtel d'Aumont* rue de Jouy. Voltaire y arrivait, suivi de l'inévitable M$^{me}$ du Châtelet (1).

Cependant il écrit encore, en janvier 1743 : « ...Si vous me demandez pourquoi nous allons à Paris, je ne peux vous répondre que de moi. J'y vais parce que je suis Emilie. Mais pourquoi Emilie y va-t-elle ? Je ne le sais pas trop. Elle prétend que cela est nécessaire et je suis destiné à la croire comme à la suivre !... Nous espérons toujours revoir Cirey avant d'habiter *le palais de la pointe de l'île*. »

Leur pied-à-terre de Paris fut alors faubourg Saint-Honoré, rue Traversière. On ne sait pourquoi ni comment. C'était, d'après Fournier, dans les environs actuels de la fontaine Molière, près de la rue Richelieu, et Voltaire l'appelle un faubourg.

Le président Hénaut a une phrase énigmatique : « La pauvre du Châtelet devrait faire mettre dans le bail de toutes les maisons qu'elle loue la clause de la folie de Voltaire. »

Voltaire eut la douleur de perdre M$^{me}$ du Châtelet en 1749, à Lunéville. Dans sa correspondance de cette époque, il demande au comte d'Argental de lui céder un petit logement, mais celui-ci n'étant pas prêt, il écrit : « Je prévois que je serai obligé de loger chez moi. Je vous avouerai même qu'une maison qu'elle habitait, en m'accablant de douleur ne m'est point désagréable... »

Le 8 octobre 1749, au même : « Je pars, car quoi que je déteste Paris, je vous aime beaucoup plus que je ne hais cette grande, vilaine, turbulante, frivole et injuste ville... » Il exprime plusieurs fois ses regrets d'une manière touchante. A M. d'Aiguebère, 26 octobre : « Mon cher

---

1. Voir Lettres de M. de Marville à M. de Maurepas, publiées par la Société de l'histoire de Paris, t. I. Lettres du 13, 14 et 15 août 1742.

ami, c'était vous qui m'aviez fait renouveler connaissance, il y a plus de vingt ans, avec cette femme infortunée qui vient de mourir de la manière la plus funeste, et qui me laisse seul dans le monde. Vous savez tout ce qui m'attachait à elle. Peu de gens connaissaient son extrême mérite... Il faut être mort pour que les hommes disent enfin de nous un peu de bien qui est très inutile à notre cendre... Les bons esprits l'admireront, mais tous ceux qui connaissent le prix de l'amitié doivent le regretter... Vous allez revenir, dites-vous, à Paris... Si vous faites cas d'une vie douce avec d'anciens amis et des philosophes, je pourrais bien faire votre affaire... J'ai été obligé de prendre à moi seul la maison que je partageais avec M$^{me}$ du Châtelet. Les lieux qu'elle a habités nourrissent une douleur qui m'est chère et me parleront continuellement d'elle. Je loge ma nièce, M$^{me}$ Denis, qui pense aussi philosophiquement que celle que nous regrettons, qui cultive les belles-lettres, qui a beaucoup de goût, et qui, par-dessus tout cela a beaucoup d'amis et est dans le monde sur un fort bon ton. Vous pourriez prendre le second appartement, où vous seriez très à votre aise : vous pourriez vivre avec nous et vous seriez le maître des arrangements. Je vous avertis que nous tiendrons une assez bonne maison. Elle y entre à Noël, et même si vous voulez, nous nous chargerons de vous acheter des meubles pour votre appartement, il me semble que vous êtes fait pour qu'on ait soin de vous, ce serait pour moi une consolation bien chère de passer avec vous la fin de mes jours... »

Ces petits projets domestiques se rapportaient à la rue Traversière où il avait installé un théâtre, fit jouer Le Kain et reçut Destouches. Il découvrit le grand acteur dans le IV$^e$ : Le Kain, à vingt ans faisait partie d'une troupe de jeunes amateurs jouant alternativement dans des théâtres nouvellement fondés à l'*hôtel Jabach*, rue Saint-Merry, et à l'hôtel de Clermont-Tonnerre, au Marais (1).

Enfin, n'étant plus retenu par rien, Voltaire se décida (juillet 1850) à céder aux instances de son cher et royal ami et à mettre à exécution le projet de départ pour Berlin. Nous ne suivrons pas cette tragicomédie où l'on voit l'enthousiasme céder peu à peu à la mauvaise

---

1. Note de Le Kain pour servir à la *Vie de M. de Voltaire*.

humeur, aux contestations jusqu'à la brouille définitive (1753)(1). Notons seulement cette lettre-ci qui nous réconcilie avec l'écrivain :

A M$^{me}$ Denis, 26 décembre 1750 :

« Je vous écris à côté d'un poêle, la tête pesante et le cœur triste, en jetant les yeux sur la rivière de la Sprée, parce que la Sprée tombe dans l'Elbe, l'Elbe dans la mer, et que la mer reçoit la Seine et que *notre maison de Paris est assez près de cette rivière de Seine*, et je dis : Ma chère enfant, pourquoi suis-je dans ce palais, dans ce cabinet qui donne sur cette Sprée et non pas au coin de notre feu... »

A la bonne heure, on voit qu'il n'avait pas tardé à regretter ce Paris si détesté. Et pourtant il n'y rentra jamais plus qu'à l'apothéose finale qui amena sa mort (1778).

Un beau jour (1753) il rendit à Frédéric sa clef (de chambellan), son brevet, sa pension, trouvant décidément que ce n'étaient pas là hochets de philosophe. Après avoir erré quelque temps en Lorraine, il se fixa en Suisse, aux Délices d'abord, puis à Ferney.

Il y vécut vingt ans, enfin tranquille après tant d'agitations. Du reste le séjour de Paris lui était devenu impossible avec ses imprudences de langage, ses vivacités d'impression, et sa versatilité ; il lui était difficile de supporter un pouvoir auquel il demandait sans cesse protection.

Il correspondait avec ses amis, s'occupait de philosophie, trônait au milieu d'une petite cour et ne pensait plus à l'Hôtel de ville, ni au portail Saint-Gervais.

Et il écrivait un jour (1776) cette phrase sur la capitale : « Je ne crois pas avoir demeuré trois ans dans cette ville, je ne la connais que comme un Allemand qui a fait son tour d'Europe. » (Lettre à M. de Vaines, Cor. Gén.)

De sorte que l'impression qui se dégage aujourd'hui pour nous de sa correspondance est qu'il fut ingrat envers cette ville à laquelle il devait une grande part de son génie. Néanmoins il comprenait si bien que là seulement, sur les bords de la Seine, était la vraie gloire,

---

1. Cf. « Mémoires pour servir à la Vie de M. de Voltaire » écrits par lui-même. Œuvres complètes Renouard, t. LXIV, p. 181.

qu'il n'hésita pas à faire à quatre-vingts ans passés ce voyage qui amena sa mort.

Ses restes, aujourd'hui déposés au Panthéon, côtoyent ceux d'un autre poète qui comme lui remplit son siècle et comme lui mourut plein de succès et de gloire. Mais celui-ci avait compris la poésie de nos églises et de nos traditions et éleva un monument littéraire en l'honneur de cette cathédrale gothique que Voltaire voulait renverser. Espérons que quand le recul des années fera choisir dans les œuvres de ces écrivains les pages dignes de rester, les deux tours de Notre-Dame, dresseront encore sur le ciel de Paris leur silhouette, symbole et témoignage du génie de notre race.

M.-H. FUGÈRE.

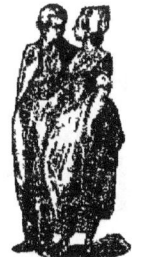

Imp. Henri Jouve, 15, rue Racine, Paris.

www.ingramcontent.com/pod-product-compliance
Lightning Source LLC
Chambersburg PA
CBHW050028230526
45470CB00003B/1182